La démographie

JEAN-CLAUDE CHESNAIS

Septième édition mise à jour
25ᵉ mille

ISBN 978-2-13-058610-4

Dépôt légal – 1re édition : 1990
7e édition mise à jour : 2010, novembre

© Presses Universitaires de France, 1990
6, avenue Reille, 75014 Paris

Introduction

QU'EST-CE QUE LA DÉMOGRAPHIE ?

Le mot « démographie » est apparu pour la première fois en 1855 sous la plume d'A. Guillard (1790-1876). La démographie est, écrit-il, l'« histoire naturelle et sociale de l'espèce »[1]. Elle perpétue la grande tradition de l'arithmétique politique et l'éclairage qu'elle apporte est un guide indispensable pour l'action des pouvoirs publics. La réduire à une comptabilité des hommes serait toutefois lui donner une apparence abstraite, voire étriquée, alors même qu'elle repose sur la donnée la plus concrète et la plus fondamentale entre toutes : la vie et la mort des hommes.

Technique quantitative et science humaine

On peut donc distinguer deux dimensions de la démographie : la démographie pure (ou analyse démographique) et la démographie large. La première est un exercice technique, une application de la statistique aux populations humaines ; son objet est d'enregistrer et de mesurer les phénomènes, sans en saisir les tenants et les aboutissants. La seconde (la démographie large), quant à elle, va au-delà : elle s'intéresse aux causes qui ont pu produire les phénomènes étudiés, à leurs conséquences

---

1. A. Guillard, *Éléments de statistique humaine ou démographie comparée*, Paris, Guillaumin, 1855, p. XXVI.

3

possibles, ainsi qu'aux politiques de populations souhaitables.

La définition la plus complète de la démographie est fournie par le dictionnaire démographique multilingue des Nations Unies : « La démographie est une science ayant pour objet l'étude des populations humaines, et traitant de leur dimension, de leur structure, de leur évolution et de leurs caractères généraux, envisagés principalement d'un point de vue quantitatif. »

Bioéthique et qualité des hommes

Le point de vue quantitatif n'est pas exclusif ; il paraît toutefois désormais de plus en plus réducteur. L'attention portée à la qualité (instruction, santé) des hommes ne cesse de croître. La diffusion de la contraception moderne a permis aux couples de limiter leur descendance ; le progrès des biotechnologies va déplacer les exigences psychologiques : à la volonté de maîtriser le nombre de ses enfants, va peu à peu s'ajouter celle d'en déterminer un nombre croissant de caractéristiques individuelles (sexe, taille…), ou, du moins, d'éviter l'apparition de caractères considérés comme indésirables. Nous marchons à grands pas vers la société eugénique.

L'objet de cet ouvrage est de présenter les principaux acquis (outils et lois fondamentales) de la démographie et d'introduire aux grands débats que suscitent les changements de la population elle-même, par exemple la conciliation entre la vie professionnelle et la vie familiale pour les couples, le financement de la protection sociale, la hausse des coûts de main-d'œuvre et les délocalisations des entreprises vers les géants démographiques émergents tels que la Chine.

Chapitre I

LA DÉMOGRAPHIE
ET SES SOURCES

Comme toute autre science sociale, la démographie se nourrit d'informations de base sur les sociétés humaines. Ce réservoir de matières premières est plus ou moins important selon les pays. Certains pays, notamment en Europe, disposent de données abondantes et de grande qualité, qui remontent parfois à plusieurs siècles. D'autres, comme en Afrique, n'ont réalisé que peu de recensements et dont la qualité demeure fragile. L'ancienneté du système statistique, la régularité des opérations de collecte et le caractère objectif des informations recueillies garantissent la précision des réponses et la sûreté des résultats obtenus.

On peut distinguer quatre sources d'informations de base :

1/ les recensements de la population ;
2/ les statistiques d'état civil ;
3/ les enquêtes démographiques par sondage ;
4/ les registres de population.

Les recensements et les enquêtes donnent une description, une photographie de la population à un moment donné, elles correspondent aux statistiques d'*état* de la population. L'état civil et les registres renseignent sur les changements qui affectent cette population et donc alimentent ce qu'on appelle les statistiques de *mouvement* de la population. Ces sources se complètent.

Par son caractère exhaustif et exceptionnel, le recensement est l'opération la plus complète, à l'issue de laquelle on obtient une description détaillée du profil des habitants d'un territoire. Le recensement constitue ainsi une référence indispensable pour l'action des pouvoirs publics, nationaux ou locaux, ou managériaux. Il fournit, par ailleurs, le cadre statistique nécessaire pour la constitution de tout échantillon représentatif utilisé lors de la réalisation d'enquêtes par sondage.

I. – Les statistiques d'État : recensements et enquêtes

Le recensement est l'outil privilégié de la démographie puisqu'il consiste en un *dénombrement exhaustif d'une population dans ses principales caractéristiques* démographiques, économiques, sociales, culturelles. Le recensement permet donc de connaître le nombre et la structure de la population.

En France, de 1801 à 1946, si l'on excepte les périodes de guerre, les recensements ont eu lieu tous les cinq ans : 1801, 1806, 1811…, 1946. Depuis la guerre, la périodicité est devenue irrégulière, passant de cinq à six, sept, huit ou neuf ans : 1954, 1962, 1968, 1975, 1982, 1990, 1999.

De par son caractère systématique, le recensement ne peut avoir qu'une portée limitée, d'où l'utilité des enquêtes, pour combler telle ou telle lacune sur un sujet particulier que l'on souhaite mieux connaître. L'enquête répond donc à un *objectif plus précis* (études sur la cohabitation hors mariage, sur les pratiques contraceptives, le comportement sexuel ou sur le racisme).

II. – Les statistiques de mouvement : l'état civil et les registres de population

Les principaux événements de l'existence (naissances, mariages, divorces, décès) donnent lieu à une inscription sur les registres de l'état civil. L'état civil est né de la volonté de faire respecter les sacrements. Dans l'édit de Villers-Cotterêts (1539), François Ier ordonne que les paroisses tiennent des registres de baptêmes et d'enterrements. Tenus par les mairies depuis 1792, les registres d'état civil ont pris la suite des registres paroissiaux de l'Ancien Régime.

De façon générale, dans les pays développés, l'enregistrement des naissances et des décès répond à une *obligation légale*. Il est pratiqué de longue date et fournit des renseignements de grande qualité. Dans les pays à bonne tradition statistique d'Europe occidentale et centrale, les données d'état civil peuvent être considérées comme parfaites. Dans les pays en voie de développement, l'enregistrement des naissances, des mariages et des décès est incomplet, voire inexistant : les jeunes enfants recensés sont beaucoup plus nombreux que les naissances des années correspondantes, même si le recensement est lui-même sujet à omissions.

L'observation statistique des unions libres se pose en des termes assez différents. Si l'enregistrement des mariages ne fait aucun problème, les unions consensuelles sont mal connues ; or elles connaissent un développement exceptionnel. Elles doivent donc faire l'objet d'une enquête spécifique.

Quant à la statistique des divorces, elle varie d'un pays à l'autre, en fonction des législations et des procédures de séparation.

Le registre de population est le système d'observation idéal puisqu'il permet de suivre de façon permanente les mouvements de la population. Il s'agit, en effet, d'un *répertoire général des personnes physiques* ; en tant qu'instrument administratif, ce répertoire est constamment tenu à jour, les chiffres du recensement étant extrapolés à l'aide des chiffres du mouvement annuel, naturel et migratoire, de la population. Sur ce registre, tenu par les mairies, les habitants sont, en effet, tenus de signaler leur changement de domicile. Mais un tel système, qui suppose un esprit civique poussé, *n'existe que dans certains pays* (Europe du Nord : Suède, Danemark, Finlande, Norvège ; Belgique, Pays-Bas, Suisse) et est cependant loin de fonctionner de façon parfaite. Là où la discipline collective est assez forte, sa fiabilité est grande et il apporte alors un éclairage précieux sur une question délicate à saisir : les migrations, et en particulier l'immigration étrangère : toute personne qui élit domicile dans une commune est inscrite au registre de la population de cette commune et toute personne qui, en changeant de domicile, quitte une commune est rayée du registre de la population.

En l'absence de tels registres, le mouvement migratoire, par nature plus difficile à observer que le mouvement naturel (naissances et décès), *n'est connu que de manière incomplète et approximative*. La population migrante est saisie comme un stock à l'occasion du recensement ou comme un flux lors d'une période donnée (au travers, par exemple, de fiches administratives remplies lors du franchissement de la frontière ou de l'inscription auprès des autorités de police de quartier). La discordance entre les flux de migrants enregistrés par les pays d'immigration et les flux enregistrés par les pays d'émigration est un fait constant, observé dès le XIXe siècle dans le cas des migrations transatlantiques. L'expérience suggère que la préférence doit aller à la statistique du pays d'immigration.

III. – Développement économique
et qualité des données

La qualité des données est fonction du niveau de développement, mais l'évolution est loin d'être linéaire ; dans les pays peu développés, cette qualité est défectueuse alors que dans les sociétés industrielles elle a longtemps avoisiné la perfection. La ligne de partage qui sépare les pays où les données sont fiables et ceux où la statistique demeure imparfaite recouvre à peu près la distinction entre pays dits développés et pays moins développés. La qualité de la connaissance statistique du tiers-monde s'est considérablement améliorée lors des dernières décennies, grâce aux recensements et enquêtes.

Aucun recensement n'est parfait. Il y a des erreurs (omissions, doubles comptes) ; par ailleurs, il y a imperfection des déclarations, en particulier sur l'âge, dans des populations où la notion de durée est très floue. C'est le cas des populations traditionnelles (Europe ancienne, pays peu développés actuels). D'importantes distorsions affectent alors la répartition par âges en raison de l'attraction qu'exercent les âges ronds (âges terminés par 0 ou 5). Des corrections sont donc opérées, selon diverses techniques.

Dans les pays les plus avancés, une *menace* pèse désormais sur *la qualité du système d'observation statistique.* Les progrès de l'informatique et la capacité croissante de stocker des informations ont donné à craindre à l'opinion que les pouvoirs publics n'utilisent les données rassemblées à l'occasion d'un recensement pour établir des fichiers en vue d'un contrôle individuel pouvant revêtir un caractère policier. L'image des recensements s'en est trouvée altérée et le caractère obligatoire de l'opération a été mis en cause par une fraction sensible de la population. *L'extension e la sphère perçue comme privée* et la défiance grandissante à l'égard des institutions sont à l'origine des difficultés récentes rencontrées pour mener à bien les opérations de recensement dans nombre de pays à bonne tradition statistique (Allemagne ou Pays-Bas, en particulier). Il est à craindre que, dans un nombre croissant de pays occidentaux, du fait de l'hostilité et des refus de réponse qu'elle suscite, la réalisation des recensements ne devienne de plus en plus problématique et qu'en conséquence la qualité des données statistiques devienne défectueuse.

Les abus possibles de l'utilisation des fichiers sont connus, mais les règles d'anonymat et de confidentialité qui président à leur constitution le sont moins, de même que leur utilité collective. La satisfaction des besoins élémentaires (construction d'écoles, d'hôpitaux, de routes, de surfaces commerciales, d'équipements socioculturels ; installation de réseaux d'eau potable, de postes, de banques, de télécommunications et services divers) suppose une connaissance détaillée et exacte de la population. De même, la lutte contre les grandes pathologies (telles que, de nos jours, le sida, le cancer ou les maladies cardio-vasculaires) est inconcevable sans les progrès de la connaissance épidémiologique, donc sans identification précise des différents facteurs de risques auxquels sont soumises les diverses catégories de population selon leur hérédité (code génétique) et leur comportement (alimentation, sexualité, mode de vie). C'est toute la question du *contrat social* qui est en jeu.

IV. – Le progrès des mesures indirectes

On a longtemps considéré que les données des pays du tiers-monde étaient trop mauvaises pour que l'on puisse en tirer des informations fiables sur la situation démographique de ces régions. Les progrès de l'analyse démographique ont amené à reconsidérer cette position car peu à peu, tout un système de méthodes a été mis sur pied qui permet de tirer le meilleur parti des données défectueuses. Ces nouvelles techniques ont fait de grands progrès et elles constituent désormais à elles seules une nouvelle branche de l'analyse démographique. Ces progrès sont dus pour l'essentiel à W. Brass[1]. L'utilisation de ces techniques a pour fondement la cohérence liant les différents paramètres d'une population : une pyramide des âges donnée n'est compatible qu'avec certains niveaux et tendances de la fécondité et de la mortalité. Le procédé consiste soit à utiliser des modèles mathématiques de population, comme celui des populations stables, semi-stables ou quasi stables, soit à appliquer certaines méthodes d'évaluation ou d'ajustement à partir des informations disponibles sur la population étudiée.

Inventée par Lotka en 1907[2], la théorie des populations stables n'a reçu ses premières applications pratiques que vers 1960 ; elle n'est guère utilisable que pour des populations anciennes sans progrès technique puisqu'elle repose sur une hypothèse forte : celle d'une fécondité *et d'une mortalité* constantes. Pour étudier les populations existantes, mieux vaut recourir à des modèles plus proches de la réalité contemporaine, comme celui des populations semi-stables, c'est-à-dire ayant une répartition par âge invariable dans le temps ou mieux encore celui des populations quasi stables, c'est-à-dire ayant une fécondité invariable et une mortalité baissant

1. W. Brass, *Methods for Estimating Fertility and Mortality from Limited and Defective Data*, Chapel Hill, Laboratories for Population Statistics, 1975.

2. A. J. Lotka, Studies on the mode of growth of material agregates, *The American Journal of Science*, septembre 1907.

lentement (cas de nombreux pays en développement lors des décennies passées). Le principe consiste à choisir pour la population observée le modèle théorique le plus approprié, puis à appliquer les propriétés algébriques de ce modèle définies par un réseau d'équations. Les avancées les plus décisives en ce domaine ont été réalisées par J. Bourgeois-Pichat[1].

C'est dans le domaine de l'estimation de la mortalité que les méthodes d'estimation indirecte sont les plus anciennes et les plus nombreuses. Dès les années 1950, un premier réseau de tables types a été construit. Le principe de base qui a présidé à l'établissement de ces tables est l'existence d'un lien étroit entre les probabilités de décès aux divers âges. Il suffit donc de disposer de données fiables sur les risques de décéder à l'un ou l'autre âge pour reconstruire l'ensemble des éléments d'une table de mortalité.

Pour la fécondité, les procédés sont également assez variés. En dehors du recours aux modèles mathématiques de population, ils consistent le plus souvent à utiliser, en plus des données de recensement, les résultats d'enquêtes auprès de femmes sur leur nombre d'enfants, ventilés ou non par rang de naissance et par âge et durée de mariage des mères. Dans l'ajustement des données sur la fécondité, les méthodes de Brass peuvent être utilisées pour comparer la somme des taux de fécondité et la descendance moyenne des femmes.

La connaissance démographique des pays pauvres a beaucoup progressé ces dernières décennies, grâce aux grandes enquêtes internationales (1974-1981 : World Fertility Survey ; depuis 1984 : Demographic and Health Surveys).

---

1. J. Bourgeois-Pichat, *Populations stables, semi-stables et quasi stables*, Paris, Groupe de démographie africaine, *Études et documents*, n° 1, 1979.

Enfin, les données relatives à la composition par âge d'une population peuvent elles-mêmes être corrigées de diverses façons, notamment par lissage[1].

V. – Petit lexique

Âge : durée écoulée depuis la naissance. L'âge exact donne la mesure précise de cette durée : ainsi, une personne née le 1er octobre 1975 aura, le 1er décembre 2005, 30 ans et 2 mois (plus précisément 30 ans et 61 jours). L'âge en années révolues est l'âge au dernier anniversaire (soit, dans le cas cité, 30 ans). L'âge médian d'une population est l'âge qui divise cette population en deux groupes d'effectifs égaux, l'un étant plus jeune, l'autre étant moins jeune que cette valeur médiane. Ainsi, au 1er janvier 2005, la population de la France est évaluée à 60 millions d'habitants ; une moitié de la population, soit 30 millions d'habitants, a 38,5 ans ou moins, l'autre moitié a plus de 38,5 ans. Cet âge est l'âge médian.

Baby-boom : augmentation brusque et forte du nombre des naissances, faisant suite à un choc historique, tel qu'une guerre ; ainsi, en France, les 28 générations pleines 1946-1973 ont compté en moyenne 850 000 naissances vivantes, au lieu de 600 000 pour les générations 1930-1945 (antonyme : baby-krach) ; depuis 1974, la moyenne oscille autour de 760 000.

Calendrier : échelonnement des événements caractéristiques d'un phénomène donné au cours du temps. Comme toute distribution statistique, le calendrier se résume le plus souvent par sa moyenne. Ainsi, le calendrier de la fécondité générale est illustré par l'âge

---

1. Sur l'ensemble de ces méthodes d'estimation, voir en particulier Nations Unies : *Manuel X* ; Indirect techniques for demographic estimation, *Population Studies*, n° 81, New York, 1983.

moyen à la maternité. Si, d'une année sur l'autre, cet âge augmente, le nombre de naissances observé tend, toutes choses égales d'ailleurs, à diminuer et, avec lui, l'indicateur conjoncturel de fécondité. Il peut se faire que, à la suite de circonstances défavorables (crise économique), les couples aient moins d'enfants, de façon accidentelle et temporaire, tout en gardant le même objectif de nombre total d'enfants (descendance finale) ; les naissances sont alors différées (retard ou effet de calendrier) pour être rattrapées pendant une période plus faste (récupération). De même, une modification du cycle de vie féminin (prolongation des études, élévation de l'activité professionnelle aux âges jeunes, volonté d'acquisition précoce d'un logement, etc.) peut se traduire par une tendance à repousser les naissances à des âges plus tardifs ; ce mouvement peut, dès lors, se traduire par une baisse de la fécondité des femmes de moins de 30 ans et une hausse autour de la trentaine (cas de nombreux pays occidentaux depuis les années 1980), sans que ces variations soient pour autant de même ampleur. Certaines modifications de l'indicateur conjoncturel de fécondité peuvent donc ne refléter que les changements, d'une année sur l'autre, du profil de la fécondité selon l'âge des mères. Il reste que, pour les générations nées vers 1970, leur descendance finale sera, dans les pays industriels (sauf aux États-Unis), sensiblement inférieure au seuil de remplacement des générations[1].

Classes creuses : générations de faible effectif nées soit pendant une guerre (séparation des couples), soit lors d'une période de récession de la fécondité ; en France, les classes creuses les plus marquées sont les générations 1915-1919, deux fois moins nombreuses que

1. T. Frejka et J.-P. Sardon, *Childbearing Trends and Prospects in Low Fertility Countries,* Kluwer Academic Publishers, 2004.

les classes encadrantes ; à l'échelle de la Communauté européenne des Quinze, il s'agit des générations nées depuis 1975.

Cycle de vie : déroulement de la vie d'un ensemble d'individus (généralement un groupe de générations). Les étapes entrant dans l'étude de la constitution de ce cycle concernent le plus souvent la vie familiale : âge moyen au premier mariage (ou à la première union), à la naissance du premier et du dernier enfant, âge auquel le dernier enfant quitte le domicile parental, etc. L'analyse biographique permet de relier ces séquences familiales à d'autres événements tels que la mobilité ou la vie professionnelle, ou encore la mobilité résidentielle des individus (ou des ménages auxquels ils appartiennent). On met ainsi en évidence la place occupée dans la vie de la femme par les diverses phases de l'élevage des enfants.

Dénatalité : diminution des naissances liée à une fécondité inférieure au seuil de remplacement des générations et pouvant se traduire par un déficit naturel (excédent de décès sur les naissances) et donc – en l'absence d'immigration – par un risque de dépopulation.

Descendance finale (d'une génération féminine ou d'une promotion de mariages) : nombre moyen d'enfants nés vivants à l'issue de la période de procréation des femmes (50 ans), en l'absence de mortalité ; la descendance finale est donc la mesure de l'intensité de la fécondité.

Diagramme de Lexis : représentation graphique des événements démographiques (naissances, mariages, divorces, décès, etc.) due au statisticien allemand Lexis (1837-1914). Ce diagramme, inventé en 1875[1], permet de mettre en correspondance les dates d'observation de ces événements (en abscisses) et les âges (ou les durées,

---

1. W. Lexis, *Einleitung in die Theorie der Bevölkerungsstatistik*, Strasbourg, Trübner, 1875.

telles que les durées de mariage, par exemple) à ces dates (en ordonnées).

Espérance de vie à la naissance (ou vie moyenne) : durée moyenne de vie d'individus soumis à partir de leur naissance aux conditions de mortalité d'une année ou d'une époque donnée, décrites par la table de mortalité. L'espérance de vie à l'âge *x* est le nombre d'années restant à vivre, en moyenne, dans les conditions de la table.

Eugénisme : étude des conditions les plus favorables à la reproduction et à l'amélioration de la qualité de l'espèce humaine ; celle-ci peut s'accompagner d'une doctrine prônant la sélection des « races », notamment par la stérilisation des individus jugés inaptes (cas de l'Allemagne nazie). Aujourd'hui les progrès de la biologie et du génie génétique laissent attendre une modification du vivant et un retour implicite de l'eugénisme.

Fécondité : propension à procréer.

Fertilité : aptitude à procréer (antonyme : stérilité).

Génération : ensemble des personnes nées la même année.

Indice synthétique de fécondité du moment (ou *indicateur conjoncturel de fécondité*) : somme des taux de fécondité par âge une année donnée. Cet indice correspond à la descendance finale qu'aurait, en l'absence de mortalité, une génération fictive présentant à chaque âge les mêmes taux que ceux observés cette année-là. C'est le nombre moyen d'enfants par femme.

Longévité (ou vie limite) : durée maximale de la vie humaine ; celle-ci est de l'ordre de 115 à 120 ans.

Malthusien : partisan de la doctrine de l'économiste anglais Malthus (1766-1834) et, par extension, de la limitation des naissances (notamment dans les pays en développement).

Migration nette (ou solde migratoire) : écart entre l'immigration et l'émigration.

Nataliste : partisan du relèvement de la natalité (en particulier dans les pays à déficit démographique).

Potentiel de croissance ou de décroissance (ou *élan démographique*) d'une population : indice d'accroissement potentiel incorporé dans la structure par âge. Cet indice mesure la marge d'augmentation ou de diminution qu'enregistrerait la population si la mortalité et la fécondité venaient, à une date donnée, à se stabiliser subitement au niveau du strict remplacement des générations (TNR = 1). C'est le rapport de la population stationnaire finale à la population initiale considérée l'année *t*. Dans certains pays peu développés, cet indice culmine autour de 2 : autrement dit, une politique sévère de limitation des naissances amenant immédiatement la fécondité au niveau de remplacement des générations ne pourrait – en raison de l'inertie de la pyramide des âges (forte proportion de jeunes, donc tendance durable au maintien d'un nombre élevé de naissances et d'un nombre faible de décès) – empêcher la population de doubler. Inversement, certains pays à sous-fécondité prolongée présentent un indice inférieur à l'unité et sont en situation de décroissance virtuelle de leur population (Japon, Allemagne, Italie, Russie, etc.).

Promotion (ou cohorte) : ensemble des événements (mariages, divorces) ayant eu lieu la même année.

Pyramide des âges : représentation graphique de la répartition par âge et sexe d'une population à une date donnée.

Surpeuplement : un territoire est en situation de surpeuplement lorsque la population y est trop nombreuse, autrement dit lorsque la densité y est excessive par rapport aux ressources (espace, subsistances, etc.). Inversement, un territoire sous-peuplé est un territoire dont la population est jugée insuffisante pour la mise en valeur de ses ressources.

Table de mortalité : table décrivant, de la naissance aux plus grands âges, la survenance des décès dans une génération.

Taux (brut) de natalité : nombre de naissances vivantes rapporté à la population moyenne de l'année considérée.

Taux (brut) de mortalité : nombre de décès rapporté à la population moyenne de l'année considérée.

Taux d'accroissement naturel : différence entre les deux taux précédents.

Taux moyen de croissance r de la population entre deux dates 0 et *n* séparées par *n* années : ce taux est une moyenne géométrique telle que les populations correspondantes P_0 et P_n sont liées par la relation $P_n = P_0(1 + r)^n$.

Taux de mortalité infantile : nombre de décès d'enfants de moins d'un an durant une année civile rapporté au nombre de naissances vivantes de la même année civile.

Taux brut de reproduction (féminine) : indice synthétique de fécondité du moment multiplié par la proportion de filles à la naissance (soit 48,8 % ou 0,488). Cet indice peut aussi se calculer pour une génération.

Taux net de reproduction (féminine) : taux brut de reproduction (TBR) multiplié par la probabilité de survie jusqu'aux âges féconds (en pratique, jusqu'à l'âge moyen à la maternité) ; cet indice correspond au nombre de filles auquel donnent naissance les mères, compte tenu de la mortalité du moment (définie par la table) avant les âges de procréation. Une valeur du TNR égale à l'unité signifie qu'une génération qui, au cours de son existence, aurait à chaque âge la fécondité et la mortalité observée aux divers âges, se remplacerait exactement (on compterait alors une fille pour une mère).

Transition démographique : passage d'un régime démographique traditionnel à quasi-équilibre haut (forte mortalité, forte fécondité) à un régime démographique moderne à quasi-équilibre bas (faible mortalité, faible fécondité) ; la transition démographique est donc une période de déséquilibre transitoire (qui peut néanmoins durer d'un à deux siècles) entre ces deux régimes de quasi-équilibre. Elle se compose de deux grandes phases, la première étant caractérisée par la baisse de la mortalité (gonflement de l'accroissement naturel), la seconde par la baisse de la fécondité (ralentissement, puis diminution de l'accroissement naturel de la population, qui peut devenir négatif).

Vieillissement démographique : augmentation de la proportion de personnes âgées dans la population. La transition démographique s'accompagne d'une *inversion progressive de la pyramide des âges,* par réduction de la fraction jeune et augmentation de la fraction âgée. Dans certains pays où la sous-fécondité se prolonge, le nombre de personnes de plus de 60 ans devient supérieur au nombre de jeunes de moins de 20 ans. La diminution de la population devient un phénomène de plus en plus courant.

Les groupes d'âges majoritaires deviennent ceux des personnes en âge de retraite, cependant que le nombre de jeunes adultes et surtout d'enfants est en recul rapide, d'où des problèmes de marché du travail et de survie de la protection sociale.

Au Japon, l'importance du déficit de fécondité accumulé depuis près d'un demi-siècle et l'allongement exceptionnel de la durée de vie feront, dès 2030, de la classe d'âge « 80 ans » ou plus la classe nettement prédominante dans la société. Qui prendra en charge les personnes âgées dépendantes ?

Chapitre II

CONCEPTS ET OUTILS
DE LA DÉMOGRAPHIE

Une population est un ensemble d'êtres humains qui se renouvelle par des mécanismes d'entrée (naissance, immigration) et de sortie (décès, émigration). L'unité de temps prise en compte étant le plus souvent l'année, la population P_1 au 1er janvier d'une année donnée est égale à la population P_0 au 1er janvier de l'année précédente, augmentée du nombre de naissances et d'immigrants et diminuée du nombre de décès et d'émigrants entre ces deux 1er janvier successifs.

I. – L'équation fondamentale

L'équation fondamentale de la démographie est donc :

$$P_1 = P_0 + N - D + I - E$$

avec N : nombre de naissances
   D : nombre de décès
   I : nombre d'immigrants
   E : nombre d'émigrants.

Le terme N – D (naissances moins décès) représente *le solde naturel* ; le terme I – E (immigrants moins émigrants) représente le *solde migratoire* ou encore immigration nette.

De tous les phénomènes sociaux, les phénomènes démographiques sont parmi les mieux mesurés : dans les pays développés, en effet, pour la statistique des naissances et des décès, l'enregistrement à l'état civil est complet à très peu près ; les données se prêtent donc à des calculs sûrs. Plus délicates sont, en revanche, les statistiques relatives aux échanges migratoires avec l'étranger, sauf dans les pays disposant de système d'observation permanente (registres de population) à l'échelle des communes. Ces cas sont relativement rares. En pratique, le solde migratoire est donc évalué de manière indirecte, par différence entre les résultats de deux recensements successifs : le solde migratoire est égal à la variation de la population totale entre ces deux recensements, diminuée du solde naturel (naissances moins décès) enregistré durant cet intervalle. Examinons un à un les termes de l'équation fondamentale ci-dessus.

II. – La pyramide des âges

Le terme P_0 renvoie à la population initiale ; celle-ci est obtenue sur la base des résultats fournis par le dernier recensement de la population. Le meilleur outil d'analyse de cette population est la pyramide des âges. De même que les couches géologiques d'un sol renseignent avec fidélité sur les caractéristiques des époques passées, de même la pyramide des âges, qui n'est autre que la stratification des générations successives qui composent la population à une date donnée, porte l'empreinte de l'histoire. Cette empreinte du passé couvre une durée relativement longue, correspondant à l'âge des générations les plus anciennes – autrement dit, à près d'un siècle.

Sur la pyramide des âges de la population de l'Union européenne en l'an 2000 (fig. 1), on observe des brèches du côté masculin (pertes militaires de la guerre 1914-1918) dans les générations nées à la fin du XIXe siècle et des échancrures communes aux deux sexes (baisse

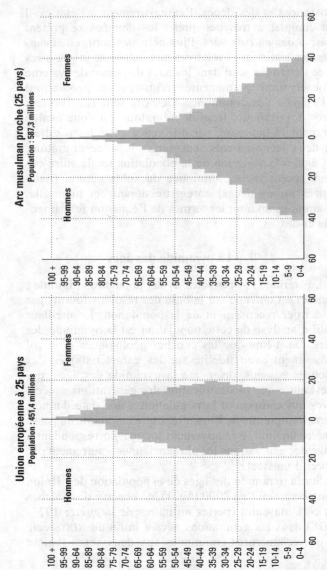

Union européenne à 25 pays
Population : 451,4 millions

Arc musulman proche (25 pays)
Population : 587,3 millions

Hommes Femmes

Population et composition par âges en 2000

des naissances pendant les deux guerres mondiales et pendant les périodes de sous-fécondité : années 1930 et surtout années récentes). Inversement, le relief du baby-boom apparaît clairement, avec vingt-huit classes pleines (1946-1973).

Mais la pyramide des âges ne nous renseigne pas seulement sur l'histoire des générations qui composent la population. Étant à la charnière du passé et du futur, elle offre une image des devenirs possibles. Une pyramide des âges vieillie laisse attendre, à comportement inchangé, un nombre de décès élevé et un nombre de naissances bas ; inversement, une pyramide des âges jeune tend à induire un accroissement naturel important, tout au moins pendant quelques décennies (cas du monde musulman actuel).

Les nombres absolus d'événements (naissances, mariages, décès, etc.) se prêtent mal à des comparaisons directes, car ils dépendent de l'effectif des populations considérées. On doit donc calculer les proportions correspondantes, exprimées sous forme de taux (taux brut de natalité, taux de nuptialité, taux brut de mortalité, taux de mortalité infantile). Ces taux sont généralement ramenés à 1 000 habitants.

III. – Natalité, fécondité

Le taux brut de natalité s'obtient en divisant le nombre de naissances vivantes de l'année par la population moyenne de l'année, considérée comme la moyenne des populations estimées aux deux 1er janvier encadrants. Ainsi, en France, le nombre de naissances vivantes en 2002 est 763 000 ; la population au 1er janvier 2002 étant évaluée à 59,342 et celle au 1er janvier 2003 à 59,630 millions, la population moyenne est :

$$\frac{59,342 + 59,630}{2}, \text{ soit } 59,486 \text{ millions}$$

d'où le taux de natalité correspondant :

$$n = \frac{763\,000}{59\,946\,000} = 12,8\,‰$$

soit 12,8 naissances vivantes pour 1 000 habitants.

La natalité traditionnelle, celle qui a existé dans les civilisations anciennes, avant que la limitation des naissances ne se répande, était, sauf exception, de l'ordre de 35 à 55 ‰. Vers 2005, de tels taux ne prévalent plus guère qu'en Afrique tropicale ou dans certains pays fermés du Moyen-Orient. Dans les sociétés pré-transitionnelles, un taux de 35 ‰ est un taux faible, le plus souvent lié à une importante limitation des mariages : nuptialité tardive, forte fréquence du célibat définitif ; des taux avoisinant 50 ‰ voire bien supérieurs, reflètent au contraire la précocité et l'intensité de la nuptialité : la proportion de femmes mariées aux âges féconds (15 à 50 ans) peut alors dépasser 85 %, alors que dans certains pays de l'Europe de l'Ouest caractérisés par une nuptialité tardive et restreinte (Portugal, Suisse, Suède, par exemple) elle pouvait être deux fois moindre (elle était de 42,4 % seulement au Portugal en 1864).

Depuis les années 1970, pour la première fois dans l'histoire, le taux de natalité est tombé en deçà de 10 ‰ ; pareil niveau a été observé en différents pays (Allemagne, Italie, Russie, Ukraine, etc.).

Le taux de natalité dépend pour partie de la pyramide des âges, en particulier du nombre de femmes aux âges de plus forte procréation. Ses variations peuvent donc traduire aussi bien un effet d'écho (alternance de classes pleines et de classes creuses par exemple) qu'un changement du comportement de fécondité proprement dit. Aussi, pour bien mesurer les modifications de comportement, doit-on s'affranchir de cet effet de la structure par âges. On calcule donc des taux de fécondité par âge individuel des femmes. On note ainsi : f_{15}, f_{16}, f_{17}, …, f_x, …, f_{49}, la série des taux de fécondité aux âges de 15, 16, 17, …, x, …, 49 ans avec :

$f_{15} = \dfrac{N_{15}}{F_{15}}$, N_{15} étant le nombre de naissances vivantes issues de femmes de 15 ans et F_{15} le nombre de femmes de 15 ans ;

$f_{16} = \dfrac{N_{16}}{F_{16}}$, N_{16} étant le nombre de naissances vivantes issues de femmes de 16 ans et F_{16} le nombre de femmes de 16 ans ;

$f_{17} = \dfrac{N_{17}}{F_{17}}$, N_{17} étant le nombre de naissances vivantes issues de femmes de 17 ans et F_{17} le nombre de femmes de 17 ans ;

$f_x = \dfrac{N_x}{F_x}$, N_x étant le nombre de naissances vivantes issues de femmes d'âge x et F_x le nombre de femmes d'âge x ;

$f_{49} = \dfrac{N_{49}}{F_{49}}$, N_{49} étant le nombre de naissances vivantes issues de femmes de 49 ans et F_{49} le nombre de femmes de 49 ans.

Pour chaque année d'observation, on obtient de la sorte une série de 35 taux élémentaires. Ces taux peuvent, par la suite, être juxtaposés, dans un même tableau, à ceux des autres années composant une même période dont on se propose l'étude. L'analyse gagne ainsi en précision et en finesse puisque l'on peut à la fois suivre, d'une année sur l'autre, les variations de la fécondité dans chaque classe d'âge individuel et reconstituer la trajectoire des générations successives au fil du temps. Les taux relatifs à une génération s'inscrivent, en effet, dans la diagonale du tableau. Comme il y a stricte équivalence entre l'écoulement du temps et l'augmentation en âge des individus, dès que l'on passe d'une année donnée à la suivante (donc d'une colonne du tableau à la suivante), chaque génération vieillit d'un an (donc descend une ligne dans le tableau).

L'avantage de l'analyse par génération consiste à séparer, dans les changements observés, ce qui tient à des modifications du rythme de constitution de la descendance et ce qui tient à des changements plus fondamentaux, affectant la descendance finale elle-même.

Si elle satisfait aux exigences de l'analyste, l'information chiffrée fournie par les tableaux de fécondité par âge présente, en revanche, de par sa seule abondance, une certaine lourdeur. Pour une année donnée t, on la résume donc en un indice unique. Pour ce faire, on additionne les taux élémentaires observés à chaque âge ; l'indice obtenu, soit : $I_t = \sum_{x=15} f_x$, est appelé indicateur conjoncturel de fécondité ou indice synthétique de fécondité du moment. Cet indice composite agrège donc en une valeur unique les comportements féconds, relatifs à 35 générations différentes, observés une année donnée sur l'ensemble de la gamme des âges de fécondité (15 à 50 ans) ; autrement dit, il décrit le cheminement de la fécondité dans une génération fictive qui, au fil de son existence, aurait à chaque âge les taux observés cette année-là. Ainsi, en France, en 2003, l'indicateur conjoncturel de fécondité s'établit à 1,81 enfant en moyenne par femme ; depuis 1974, il est à un de ses plus bas niveaux jamais observés en période de paix.

Reproduction brute et reproduction nette. – Prise au sens statistique, la notion de reproduction se réfère à l'idée de remplacement numérique des parents par leurs enfants. Elle se mesure pour un sexe donné, généralement les femmes ; elle fait, dès lors, intervenir la proportion de filles à la naissance. Or cette proportion peut être considérée comme une constante biologique : pour 100 naissances de filles, on observe, en effet, à peu près invariablement 105 naissances de garçons. Le taux de féminité à la naissance équivaut donc à $\frac{100}{100+105} = 0,488$, d'où le taux brut de reproduction (TBR) féminine, noté R :

R = 0,488 I$_t$

soit, pour la France de 2003 :

R = 0,488 × 1,81 = 0,88 (fille pour 1 femme).

Mais il convient de tenir compte de la mortalité précoce avant les âges de fécondité. Admettons que l'âge moyen à la maternité soit a (avec $a = \frac{\sum x f_x}{\sum f_x}$, f_x étant le taux de fécondité à l'âge x, âge atteint dans l'année considérée) et que la probabilité de survie jusqu'à cet âge (28 ans environ) soit, d'après la table de mortalité de cette même année, s_a ; on peut alors calculer un taux net de reproduction (TNR) du moment appelé R$_0$ avec :

R$_0$ = Rs_a

soit, pour la France de 2003, caractérisée par :

$s_a = s_{28} = 0,99$

la valeur :

R$_0$ = 0,88 × 0,99 = 0,87.

Avec les conditions de fécondité et de mortalité de l'année 2003, le nombre de naissances est insuffisant pour garantir le remplacement des générations. Le déficit est d'environ 13 % ; le nombre de naissances vivantes observé étant de 760 000, le nombre de naissances nécessaires pour assurer le remplacement des générations est de 873 000. Autrement dit, la moyenne pondérée des effectifs des générations aux âges de pleine fécondité (parents potentiels) est supérieure de 113 000 à l'effectif de la génération des enfants.

Dans les pays les plus avancés, les conditions de mortalité sont telles que la valeur minimale de l'indicateur conjoncturel de fécondité nécessaire au remplacement des générations est de l'ordre de 2,1 enfants en moyenne par femme. Explicitons ce résultat : la reproduction brute (compte non tenu de la mortalité) d'une femme exige en moyenne 2,05 naissances vivantes des deux sexes ; la reproduction nette (mortalité comprise) requiert un nombre légèrement plus élevé. Donnons-nous l'hypothèse la plus favorable : 1 à 2 % de décès avant l'âge moyen à la maternité soit une probabilité de survie s_a jusqu'à cet âge telle que : $0,98 \leq s_a \leq 0,99$. On a alors un indicateur conjoncturel de fécondité compris entre $\dfrac{2,05}{0,99}$ et $\dfrac{2,05}{0,98}$, soit entre 2,07 et 2,09 enfants en moyenne par femme.

Dans les civilisations traditionnelles, où la mortalité précoce était très forte et l'âge moyen à la maternité plus tardif, le nombre moyen d'enfants nécessaire au remplacement des générations pouvait aller de 4 à 6.

Les différents indices calculés pour une année de calendrier peuvent l'être également pour une génération, la descendance finale d'une génération étant le pendant de l'indicateur conjoncturel de fécondité. Ainsi, dans la France contemporaine, la génération féminine la plus féconde a été la génération née en 1928 avec une descendance finale de 2,6 enfants en moyenne par femme et la moins féconde, la génération née en 1896, avec une descendance finale de 1,8 enfant en moyenne par femme. D'après les premières estimations, les générations nées vers 1965 devraient, au vu de leur descendance atteinte, avoir un score moins défavorable que leurs grands-mères nées vers 1900, puisque leur descendance finale devrait avoisiner 2 (au lieu de 1,8) ; si l'on prend en compte la baisse de la mortalité intervenue dans l'intervalle, l'écart est bien plus considérable puisque le taux net de reproduction des premières était de l'ordre de 0,7 seulement, cependant que celui des secondes sera d'environ 0,97. Pour les générations féminines nées depuis le milieu des années 1960, le remplissement n'est plus assuré (déficit de fécondité).

IV. – **Mortalité générale et mortalité infantile**

Le premier outil de mesure de la mortalité est le taux brut de mortalité générale. Le taux brut de mortalité d'une année s'obtient en divisant le nombre de décès de cette année par la population moyenne correspondante (ou, en pratique, la moyenne des populations estimées aux deux 1er janvier encadrants). Ainsi, en France en 2002, le nombre de décès étant 540 000 et la population moyenne 59,946 millions, le taux de mortalité est

$$m = \frac{540\ 000}{59\ 946\ 000} = 9,0\ ‰.$$

Ce taux est le plus bas jamais observé en France. Mais l'ordre de grandeur est loin d'être exceptionnel car des taux deux fois plus faibles ont été enregistrés dans certains pays où, pourtant, les conditions sanitaires sont moins avancées mais où la répartition par âges, dominée par les jeunes, ne comporte encore qu'une très faible proportion de personnes âgées, à risque élevé de mortalité. C'est que ce taux a une signification ambiguë.

Si le recours à l'examen des taux bruts de mortalité est trompeur pour des populations à composition par âge très différente, on ne saurait toutefois minimiser la signification de l'évolution du taux brut. Sa marge de variation est, en effet, très large. Dans les sociétés traditionnelles, dépourvues de médecine efficace, en année ordinaire, le taux brut de mortalité était de 30 à 40 ‰ ; en période de catastrophe, la mortalité pouvait être nettement plus forte, allant jusqu'à 50 ou 60, voire 100 ‰. Ces grandes pointes de surmortalité, caractéristiques des années de famine ou d'épidémie, ont progressivement disparu au cours des XVII\u1D49-XIX\u1D49 siècles.

Plus claire est, en revanche, la signification du taux de mortalité infantile. Celui-ci est le nombre de décès d'enfants de moins d'un an, rapporté au nombre de naissances vivantes observé la même année.

Ainsi en France, en 2005, le taux de mortalité infantile est 3,8 ‰.

Un tel taux place la France au 7e ou 8e rang mondial derrière le Japon (3 ‰) Hongkong, et quelques pays d'Europe du Nord. Pareil classement a une valeur symbolique importante car la mortalité infantile est l'un des plus sûrs reflets du niveau de développement socio-économique : être fragile, dépourvu d'autonomie, le nourrisson n'est-il pas livré, pour sa survie, à la qualité de l'entourage humain et de l'environnement médical, économique (alimentation, confort), et administratif (organisation hospitalière, réseau de transport et de télécommunications) qui le prend en charge ?

Les temps ont changé. Songeons que dans la France du milieu du XVIII\u1D49 siècle, pays pourtant alors à l'avant-garde, plus du quart des nouveau-nés mouraient durant leur première année de vie. Au lendemain de la Seconde Guerre mondiale, le taux de mortalité infantile était encore 15 fois supérieur à ce qu'il est aujourd'hui : 71 ‰ en 1946-1947. Les progrès ont été spectaculaires.

Table de mortalité et espérance de vie. – Le principe de la table de mortalité est simple : à partir d'une série de taux de mortalité par âge établie pour chaque sexe une année donnée, la table présente plusieurs séries de valeurs qui décrivent l'évolution de la mortalité aux divers âges : probabilité de décès, processus de disparition d'une génération fictive exposée depuis sa naissance aux risques de mortalité prévalents à chaque âge, nombre de décès entre âges successifs, espérance de vie à chaque âge.

En France, l'une des dernières tables pluriannuelles de mortalité publiée est celle des années 1999-2001. En voici des extraits avec les symboles suivants :

x, âge exact (au moment de l'anniversaire),

S_x, survivants à l'âge x, pour 100 000 nés vivants,

$d(x, x+1)$, nombre de décès entre les anniversaires successifs x et $x+1$,

q_x, probabilité de décéder entre les anniversaires successifs x et $x+1$,

e_x, espérance de vie à l'âge x (en années).

La probabilité de décéder à l'âge x vaut :

$$q_x = \frac{d(x, x+1)}{S_x}$$

soit, par exemple, pour l'intervalle séparant la naissance du premier anniversaire, parmi les garçons :

$$q_0 = \frac{d(0,1)}{S_0} = \frac{50}{10\ 000} = 5\ ‰.$$

L'espérance de vie à un âge donné x est la durée moyenne de vie restant à vivre à cet âge, c'est aussi la durée de vie moyenne des décédés au-delà de cet âge. Considérons ici l'espérance de vie à la naissance : du fait de la plus grande fréquence des risques de mourir dans les premiers moments de la vie, la durée de vie moyenne des décédés $d(0, 1)$ durant le premier

Table de mortalité de la France, 1999-2001 (extrait)

Âge x	Survivants S_x	Décès $d(x, x+1)$	Quotient annuel de mortalité q_x, pour 100 000	Espérance de vie e_x (en années)
		Sexe masculin		
0	100 000	500	500	75,25
1	99 500	40	40	74,63
20	98 887	104	105	56,01
40	96 282	240	240	37,22
60	85 385	1 178	1 178	20,42
75	60 533	2 552	4 216	10,25
85	29 718	3 417	11 498	5,38
100	744			
		Sexe féminin		
0	100 000	391	391	82,74
1	99 609	33	33	82,06
20	99 260	35	35	63,31
40	98 193	114	116	43,87
60	93 286	452	484	25,54
75	80 760	1 616	2 001	13,09
85	54 151	4 141	7 648	6,67
100	2 610			

Source : INSEE.

intervalle d'âge (0, 1) est inférieure à 0,5 an ; supposons qu'elle soit 0,3 an ; pour les intervalles d'âge suivants, la distribution est mieux répartie, on peut donc admettre que les décès interviennent en moyenne au milieu de la classe d'âge concernée ainsi, pour l'intervalle (1, 2) à l'âge de 1,5 an, pour l'intervalle (2, 3) à l'âge de

2,5 ans… pour l'intervalle $d(x, x + 1)$ à l'âge $x + 0,5$…
D'où l'espérance de vie à la naissance :

$$e_o = \frac{1}{S_0} \; 0,3(S_0 - S_1) + 1,5(S_1 - S_2)$$
$$+ 2,5(S2 - S3) + 3,5(S3 - S4) + \dots$$
$$= 0,3 + 1,2 \; S1 + S2 + S3 + \dots$$

La mortalité est devenue si basse que la série des survivants ne diminue de façon véritablement sensible qu'aux âges élevés : avec les risques de mortalité en vigueur vers 2000, à l'âge de 75 ans, la proportion de survivants dépasse 60 % chez les hommes et les trois quarts chez les femmes. La probabilité de parvenir aux âges de la retraite (60 ans) est supérieure à 85 % pour les hommes et à 90 % pour les femmes ; à cet âge, l'espérance de vie (ou durée moyenne restant à vivre, dans les conditions du moment) est de 20,4 ans pour les premiers et 25,5 ans pour les secondes. L'avantage féminin est encore très net : cinq ans.

Dans les conditions de mortalité de la période 1999-2001, la probabilité pour un nouveau-né de devenir centenaire – c'est-à-dire de parcourir l'ensemble de l'échelle des âges jusqu'à au moins 100 ans – s'élèverait à 0,7 % s'il s'agit d'un garçon et 2,6 % s'il s'agit d'une fille. La probabilité d'atteindre les plus grands âges a fortement augmenté au fil du temps puisque la chance de survivre jusqu'à 85 ans était de 5,2 % et 11,2 %, respectivement, selon le sexe, d'après la table de 1933-1938, alors qu'elle atteignait 29,7 % pour les hommes et 54,2 % pour les femmes avec la table de 1999-2001. La multiplication du nombre de personnes très âgées est, du reste, l'un des faits les plus marquants des dernières décennies. Elle ne fera que s'amplifier à l'avenir.

V. – Les migrations extérieures

À la différence de la naissance ou de la mort, événements uniques, marqués par des cérémonies familiales, la migration se confond désormais, dans une civilisation devenue très mobile, avec le déplacement. Elle est devenue banale, quotidienne. On ne l'enregistre généralement pas, sauf si elle revêt un caractère durable, voire définitif (départ du village natal, changement de résidence, installation à l'étranger) : le mouvement migratoire extérieur doit faire la distinction entre les immigrants et les émigrants permanents et les immigrants et les émigrants temporaires. Les chiffres des migrations extérieures à long terme incluent donc toutes les personnes, nationales ou étrangères, qui entrent sur le territoire considéré avec l'intention de s'y établir et toutes les personnes, nationales ou étrangères, quittant ce territoire pour fixer ailleurs leur résidence.

La migration n'est connue que de manière très approximative. On ne saisit, en effet, que des soldes migratoires intercensitaires sans pouvoir décomposer autrement que par des enquêtes particulières et coûteuses les mouvements selon leur cause, leur nature (entrée, sortie) et leur échelonnement dans le temps. Si l'on reprend les symboles utilisés dans l'équation fondamentale ci-dessus et si l'on dénote P_2 la population à un recensement et P_1 la population au recensement précédent, on a :

$$I - E \quad = \quad P_2 - P_1 \quad - \quad N - D$$

solde migratoire   variation de population   solde naturel

Le solde migratoire (ou excédent de l'immigration sur l'émigration) est la différence entre l'accroissement total de la population et son accroissement naturel pendant la même période. Comme toute mesure par différence, celle-ci est très fragile, puisqu'elle suppose, pour être exacte, que la qualité du dénombrement à chaque recensement soit rigoureusement identique, condition qui ne peut être garantie.

VI. – Analyse longitudinale et analyse transversale

L'analyse longitudinale consiste à reconstituer la biographie d'une génération ou d'un ensemble de personnes ayant vécu le même événement la même année (promotion ou cohorte de mariages, par exemple). Plus classique et plus aisée, l'analyse transversale se contente d'étudier les événements enregistrés une année ou une période données. Les mesures transversales couramment utilisées en démographie, comme l'indicateur conjoncturel de fécondité ou l'espérance de vie à la naissance, ne sont, le plus souvent, que des indices calculés en recourant à l'artifice dit de la génération (ou de la cohorte) fictive : les comportements observés aux divers âges durant la période considérée sont supposés s'appliquer à une génération donnée tout au long de sa vie. Ainsi, une espérance de vie à la naissance de 83 ans pour les femmes en 2000 signifie que les femmes d'une génération qui, de son année de naissance à son extinction complète (soit environ cent quinze ans plus tard), serait soumise aux risques de décès observés à chaque âge durant l'année 2000, auraient une durée de vie qui, en moyenne, s'élèverait à 83 ans. De même, un indicateur conjoncturel de fécondité de 1,8 enfant en moyenne par femme pour 2003 signifie qu'une génération qui, tout au long de sa vie féconde, aurait à chaque âge les taux observés en 2000 aurait une descendance finale de 1,8 ; on ne saurait donc trop souligner les limites de l'analyse transversale, notamment en matière d'étude de la fécondité.

La génération (ensemble de personnes nées la même année) est un facteur important de différenciation des comportements dans la mesure où elle réunit des individus qui vivent les mêmes événements historiques. Mais son comportement ultime n'est connu qu'avec beaucoup de retard ; elle reflète donc une réalité déjà ancienne. À l'inverse, l'analyse transversale est très sensible à l'histoire en devenir, selon les caprices de la conjoncture ; elle porte sur les générations concernées par les événements en court ; c'est elle qui renseigne sur la réalité immédiate et mérite l'attention des leaders politiques.

Le refus de voir la situation démographique en face, déguisé derrière l'argument technique des naissances « différées », n'a plus raison d'être. En Allemagne, le nombre des naissances est trois fois moindre en 2005 qu'en 1900 ; or c'est la seule variable importante pour la sphère publique. Comment refuser d'admettre que les générations se suivent et ne se ressemblent pas, et que les « projets de descendance » ne sont pas une réalité statique, indépendante des circonstances de la vie.

Chapitre III

LES LOIS
ET LES RÉGULARITÉS STATISTIQUES

Si la démographie n'est pas une science exacte, elle est cependant la plus exacte des sciences humaines. Comme toute science, elle comporte diverses « lois » (au sens de régularités statistiques) : des lois biologiques (sur la proportion des sexes à la naissance, la vitalité selon l'âge, la fréquence des accouchements multiples), une loi statistique (sur la relative invariance de la fraction adulte dans la population totale), une loi historique (sur l'universalité du processus de transition démographique), et des régularités sociales (telles que la surmortalité des milieux défavorisés et la sous-fécondité des classes moyennes).

I. – Les lois biologiques :
le sexe faible, l'âge fort et les jumeaux

Les phénomènes démographiques sont, par essence, des phénomènes biologiques : chaque individu n'est, finalement, que « le dernier maillon d'une longue chaîne d'êtres vivants qui l'ont précédé et qui ont préparé sa venue »[1]. Mais selon son sexe et son âge, il n'est pas doté des mêmes atouts pour survivre et se reproduire.

1. J. Bourgeois-Pichat, *La Démographie*, Paris, Gallimard, 1971.

1. **Le sexe : surnatalité et surmortalité masculines.** – Dans toutes les sociétés et à toutes les époques, il naît plus de garçons que de filles. On se trouve précisément là en face de la première loi fondamentale de la démographie : la proportion des sexes à la naissance est une sorte de constante de l'espèce humaine. L'indice de masculinité à la naissance est très stable, voisin de 105 garçons pour 100 filles (nés vivants).

Cet indice ne varie sensiblement qu'à l'occasion de circonstances exceptionnelles (guerre, épidémies, élimination des fœtus féminins, etc.) ; quand la natalité reprend après une chute massive, l'indice de masculinité croît. Le fait semble être lié à l'afflux relatif de premières naissances différées par les circonstances (la primogéniture favorise la naissance de garçons), au changement de l'écart d'âge entre époux, voire à la modification de régime alimentaire.

On ignore le mécanisme biologique qui conduit à cette remarquable constance. Le rapport des deux sexes à la *conception* n'est pas connu. On sait cependant qu'au voisinage de la naissance, comme à tout autre âge de la vie, le sexe masculin est plus fragile. La fréquence des mort-nés parmi les garçons est supérieure à celle observée parmi les filles. Les techniques de diagnostic prénatal permettent aujourd'hui de connaître le sexe d'un embryon après six semaines seulement de gestation. On ne connaît cependant à peu près rien de la mortalité intra-utérine lors du premier mois de grossesse et, pour les mois suivants, notre savoir se limite à l'observation de petits échantillons de conceptions.

À l'avenir, le développement des biotechnologies, la diffusion d'une technique efficace de présélection du sexe de l'enfant pourraient avoir des conséquences importantes sur l'évolution du sex-ratio à la naissance, qui pourrait être soumis à des fluctuations liées à la mode ou aux coutumes sociales (déficit de filles en Chine et en Inde).

La surmortalité masculine. – Si l'on excepte certaines sociétés caractérisées par une forte discrimination sexuelle à l'encontre des filles (Afrique, Chine, sous-continent indien, pays islamiques, civilisations agraires traditionnelles), les hommes, plus nombreux à la naissance, meurent davantage à tous les âges.

La surmortalité masculine est telle que, en dépit de leur légère supériorité en nombre à la naissance, dans la plupart des pays, le nombre de femmes l'emporte aujourd'hui sur celui des hommes. Le rapport de masculinité tend à décroître rapidement à partir de la cinquantaine. Ainsi, en France, vers l'âge de 85 ans, on compte à peu près deux femmes pour un homme ; au-delà de 95 ans, le rapport est proche de quatre à un.

Contrairement à ce qu'aurait pu laisser supposer le rapprochement des modes de vie entre les sexes, la surmortalité masculine a longtemps augmenté régulièrement, depuis le siècle dernier, mais certains pays comme la France sont plus affectés que d'autres par cette évolution : l'espérance de vie à la naissance des femmes est supérieure de sept ans à celle des hommes (84,5 ans au lieu de 77,8 ans en 2008). Un tel écart de huit ans est relativement exceptionnel, la moyenne observée dans les pays occidentaux étant de l'ordre de six ans ; il est cependant moins grand que dans certains pays où l'incidence de l'alcoolisme est notoirement plus grave (Finlande, Pologne, Russie). Sur la période récente, il cesse de s'aggraver.

Au milieu du XVIIIe siècle, l'écart était de deux ans seulement. Cette consolidation de l'avantage féminin est peu étudiée. Si, de façon générale, on sait identifier les facteurs de la surmortalité masculine, l'aggravation séculaire du phénomène laisse, en revanche, perplexe. La relation entre cette aggravation et les variations de la condition respective des hommes et des femmes est, en effet, malaisée à mettre en évidence.

S'agissant de la condition féminine, on peut invoquer deux facteurs : le déclin tendanciel des risques liés aux maternités répétées et, depuis une époque plus récente, l'émergence d'une meilleure surveillance médicale, induite par le développement de la contraception moderne. Pour les hommes, l'argumentation habituelle (alcoolisme, notamment) explique en réalité davantage l'existence de la surmortalité elle-même que son renforcement. Il convient donc de la reconsidérer. Quatre types de facteurs, en interdépendance plus ou moins étroite, peuvent ainsi être distingués : la monopolisation des métiers à risque (bâtiment, transport…) ; l'adoption de comportements oraux nocifs (alcoolisme, tabagisme, suralimentation en graisses animales), la plus grande propension à s'exposer aux risques de mort violente (accidents de la circulation, suicides) ; enfin, la moindre immunité biologique face au processus de vieillissement individuel, lui-même sans cesse plus mortifère, en raison de la disparition des périls exogènes.

Pour la principale cause de décès – la pathologie cardio-vasculaire, liée à la dégénérescence –, l'importance à tout âge des écarts entre les sexes (la mortalité masculine est supérieure de moitié, au moins), surtout en début de vie *adulte*, évoque l'hypothèse d'une meilleure résistance biologique des femmes. Certains comportements sociaux pathogènes (éthylisme, tabagisme, toxicomanie) interfèrent et aggravent cette fragilité constitutive. L'action du facteur biologique est donc difficile à séparer de l'influence du comportement. Il apparaît cependant vraisemblable que la composante proprement biologique de cette inégalité entre les sexes est plus forte qu'il n'est communément admis puisque la différence s'observe dès le plus jeune âge ; le phénomène aurait pu être longtemps masqué historiquement par la surmortalité féminine liée aux risques spécifiques de l'accouchement et à l'inégalité de traitement dont souffraient les femmes (alimentation, hygiène, soins médicaux).

2. **L'âge et la vitalité.** – L'âge est le premier facteur de différenciation de la mortalité. Le risque de décéder décroît depuis les premiers moments de la vie jusqu'à l'âge de 8-10 ans, auquel on meurt le moins. C'est l'âge de plus grande vitalité. À partir de cet âge, les risques augmentent, d'abord de façon lente, puis, au-delà de la soixantaine, à un rythme exponentiel, reflétant la fragilisation croissante de l'organisme humain due au vieillissement biologique.

L'allure générale des courbes de mortalité par âge n'est pas indépendante du niveau de mortalité et donc de l'époque ou du pays considérés. Dans les sociétés anciennes, sans véritable prise sur la mortalité, le profil est celui d'un U asymétrique (fort risque chez les jeunes et les personnes âgées), puis, dans une seconde phase, apparaît la *courbe en J*. De nos jours, dans les pays avancés (Japon, îles chinoises, Occident), l'allure est celle d'une courbe en « transat », la mortalité étant infinitésimale avant les âges de 60 ou 70 ans, suivant le sexe. C'est cette robustesse de la relation entre l'âge et la probabilité de survie qui a, très tôt, inspiré l'élaboration de tables de mortalité. L'invention de la table de mortalité (Graunt, 1662) marque d'ailleurs la naissance de la démographie en tant que science ; considérée comme une punition du ciel, la mortalité ne pouvait – pensait-on jusqu'au XVIIe siècle – obéir à des lois parvenant à la connaissance des hommes.

Aux plus grands âges, après 105-110 ans les risques annuels de mortalité tendent peu à peu vers l'unité et, de ce fait, amènent à identifier un âge limite de la vie humaine. Dans les pays où existent des statistiques fiables de décès aux âges élevés, cet âge a pu être calculé empiriquement. À la différence de la vie moyenne des hommes qui, dans les pays les plus avancés, a triplé depuis l'Ancien Régime, *la durée de vie maximale de l'espèce humaine ne semble guère avoir varié au cours du temps.* Les vies les plus longues attestées par l'état civil sont de 110 à 115 ans, durée qui semble marquer la limite biologique de l'homme (le cas de Jeanne Calment, décédée à 122 ans en 1997, semble résulter d'une combinaison génétique et sociale exceptionnelle). Les records de survie dont il est parfois fait état et qui seraient détenus par certains centenaires vivant dans des régions isolées telles que le Caucase ou les Andes (150 ans, voire davantage) relèvent d'un phénomène d'exagération de l'âge dans des régions où l'état civil est inexistant ou déficient. L'âge limite relevé dans des pays à statistiques fiables s'est légèrement accru depuis l'entre-deux-guerres (augmentation de trois à quatre ans).

La mise en équation de la mort a été plus précoce que celle de la naissance : omniprésente, la mort obsédait les consciences. Les lois qui gouvernent la productivité des mariages n'ont véritablement été entrevues qu'à partir de la fin du XIXe siècle. On découvre alors que, dans une population ne pratiquant pas de limitation volontaire des naissances, *la fertilité est fonction de l'âge de la femme. Relativement élevée de la puberté jusque vers l'âge de 20 ans, elle culmine entre 20 et 35 ans pour diminuer ensuite* au fil des ans. Ce résultat moyen dissimule un phénomène spécifique : la stérilité.

La fertilité est l'aptitude à concevoir. L'âge est le facteur essentiel qui décide de l'infertilité (ou stérilité). Presque toutes les femmes sont aptes à procréer peu après la puberté et presque toutes sont stériles à 50 ans, mais les lois de cette progression inexorable avec l'âge sont mal connues. Plusieurs raisons semblent se combiner pour rendre compte de cette *baisse de la fertilité* (et, par suite, de la fécondité) *avec l'âge* : une proportion croissante de femmes (ou, plus exactement, de couples) devient définitivement stérile ; parmi les femmes (les couples) resté(e)s fertiles, la fécondabilité (probabilité de conception par cycle menstruel) diminue ; le temps mort (période pendant laquelle la femme ne peut pas concevoir, à la suite d'une grossesse) s'allonge, enfin, la mortalité intra-utérine elle-même augmente avec l'âge. En vertu de quel processus la mortinatalité et les malformations congénitales s'accroissent-elles, de même, avec l'âge de la mère ?

Ce que nous tentons de mesurer en fait n'est pas l'infertilité de la femme proprement dite, mais celle du couple qu'elle forme avec son partenaire. On estime aujourd'hui que, parmi des couples jeunes, la fréquence de la stérilité est de l'ordre de 3 à 5 % et que cette stérilité se répartit à peu près également en trois parts égales, la première étant celle de la femme, la seconde celle de l'homme et la troisième, la stérilité conjointe.

Pour la femme, tout se jouerait dans la quarantaine puisque, à l'âge de 40 ans, plus des deux tiers seraient encore capables d'enfanter, cependant que, à 50 ans, la proportion serait nulle. Toutefois, l'amélioration des conditions de vie (alimentation, hygiène, soins médicaux) a entraîné un allongement de la période fertile par abaissement de l'âge aux premières règles et relèvement de l'âge à la ménopause.

À comportement sexuel équivalent, la fécondabilité (aptitude à concevoir au cours d'un cycle menstruel en l'absence de contraception) est très variable d'un couple à l'autre. Les plus fortes fécondabilités, vraisemblablement sous-évaluées, mesurées sur des couples de 20 à 30 ans, sont de l'ordre de 30 %. Autrement dit, un couple qui décide d'interrompre la contraception pour donner naissance à un enfant aurait au mieux une chance égale à un tiers d'obtenir le résultat escompté (conception) dans le mois qui suit ; en moyenne, le délai d'attente minimal de la grossesse serait de trois mois.

La place occupée par le domaine de la biologie dans l'étude des populations est finalement moins large que ne l'imaginaient les esprits positivistes des siècles derniers. Depuis des siècles, la natalité et la mortalité présentaient de telles constances, au moins sur la longue durée, qu'elles semblaient relever d'un déterminisme biologique. Il ne concerne guère, pour ce qui regarde les naissances, que l'âge à la puberté et à la ménopause et l'évolution de la fécondabilité au cours de la vie (dont on sait désormais qu'ils dépendent aussi des modes de vie). Mais les *progrès de la microbiologie* sont cependant tels que les tentatives d'explication classiques vont vraisemblablement être bousculées par la mise à jour d'interprétations plus nuancées, mettant en évidence des *interactions complexes entre la structure du code génétique et les facteurs d'environnement ou de comportement.*

3. **La multiparité ou les accouchements multiples.** – La fréquence des accouchements multiples obéit à une régularité statistique connue de longue date (depuis le XIXᵉ siècle, notamment en Europe). La proportion d'accouchements doubles (jumeaux) est de l'ordre de 1 sur 100 ; celle des accouchements triples (triplés) de 1 sur 10 000, celle des accouchements quadruples de 1 sur 1 million. Autrement dit, d'un rang au suivant, elle obéit à une progression géométrique de raison 1/100. Cependant, le traitement contre la stérilité augmenterait fortement la probabilité d'avoir un accouchement multiple. La loi biologique, dont on ignore le mécanisme, pourrait donc être perturbée par l'évolution des techniques médicales (procréation médicalement assistée, avortement de convenance : élimination de fœtus excédentaires).

II. – La loi historique :
la transition démographique

Le peuplement de la Terre s'est effectué par étapes ; il a connu des phases d'accélération, en particulier au cours des siècles derniers. Voici, en effet, l'évolution du nombre d'hommes vivant sur la planète à diverses époques :

Vers	10000	avant	Jésus-Christ	1 million
–	1000	–		340 millions
–	1650	après	Jésus-Christ	545 –
–	1750	–		728 –
–	1800	–		907 –
–	1850	–		1 175 –
–	1900	–		1 620 –
–	1950	–		2 476 –
–	2005	–		6 454 –

L'impression qui se dégage est une montée continue de forme exponentielle. Depuis 1999, la population du monde dépasse le chiffre de 6 milliards. L'accumulation de ces données suggère une poussée continue, inexorable, qui relèverait, tout au moins pour les dernières décennies, de la fameuse progression géométrique illustrée par Malthus. Cette croissance donne surtout une idée des progrès accomplis par l'homme dans l'exploitation des ressources naturelles mais elle n'a pas, en matière de nombre d'hommes, le caractère fataliste que l'on peut, à première vue, lui attribuer.

Dès l'entre-deux-guerres, les démographes européens et nord-américains ont saisi la véritable nature de la croissance démographique moderne. L'étude de deux siècles de croissance démographique en Europe permettait d'ores et déjà d'élaborer un modèle explicatif d'évolution de la population: la transition démographique. Or ce modèle montre que toute population moderne tend à suivre une courbe d'évolution non pas exponentielle mais logistique (c'est-à-dire d'abord accélérée, puis ralentie jusqu'à un niveau de croissance faible, *voire jusqu'à la décroissance*). Les mécanismes de cette évolution, mis en évidence à partir de l'expérience européenne, se sont, par la suite, révélés universels. L'on a ainsi vu le rythme de la croissance de la population mondiale s'accélérer jusqu'à culminer dans les années 1960 pour décroître ensuite progressivement depuis. La phase de croissance maximale est donc derrière nous.

Toutes les populations connaissent ainsi à l'époque moderne une même loi historique fondamentale, celle de la transition démographique. Le phénomène est universel dans son principe, il ne diffère que dans ses modalités. Au cours de la longue phase de modernisation de ses comportements reproductifs, caractérisée d'abord par une maîtrise progressive de la mort (période de dilatation du taux de croissance ou d'« explosion » démographique, souvent accompagnée d'émigration), suivie par une maîtrise progressive de la vie (période de ralentissement et de vieillissement de la population, ou d'implosion démographique), toute population décrit, en effet, un schéma d'évolution analogue. Son taux d'accroissement s'apparente à une *courbe en cloche*, mais la forme de cette cloche varie en fonction de la spécificité de chaque pays et, davantage encore, en fonction de l'époque historique.

La dérive des continents. – La croissance de la population du monde a longtemps été dominée par la poussée du peuplement européen, soit en Europe même, soit dans des régions alimentées par les grandes migrations européennes (Amérique du Nord et

46

Amérique latine). C'est seulement dans l'entre-deux-guerres que le taux de croissance de l'Asie est devenu supérieur. Mais, depuis les années 1960, l'écart se creuse au détriment de l'Europe. L'Asie et l'Amérique latine viennent de traverser leur phase de croissance maximale. Avec la baisse récente de la fécondité dans les plus grands pays de ces continents (Chine, Inde, Indonésie, Brésil et Mexique), le taux de croissance a commencé à décliner. De forts accroissements persisteront néanmoins pendant plusieurs décennies encore, du fait des niveaux atteints et de la jeunesse de la structure par âge. Pour l'Afrique noire, où la mortalité est encore forte, la transition démographique ne fait que commencer et la croissance de la population appartient plus à l'avenir qu'au passé. C'est ce continent qui est doté, et de loin, du plus fort potentiel d'accroissement démographique.

III. – La loi statistique : la quasi-invariance de la fraction adulte

Dans toute population, la proportion des adultes est peu variable. Si l'on considère le pourcentage de personnes appartenant au groupe d'âges 20-60 ans, on constate que, sauf exceptions liées à de fortes perturbations historiques, celui-ci représente environ la moitié de la population totale. Cette relative invariance de la fraction adulte a été relevée empiriquement pour la première fois au début du siècle par un statisticien suédois, G. Sundbärg[1]. L'auteur n'avait cependant pu, à l'époque, entrevoir le mécanisme qui en est à l'origine. Il s'agit précisément de la transition démographique.

1. G. Sundbärg, *Aperçus statistiques internationaux*, Stockholm, Imprimerie royale, 1908, tableau 67.

Tout se passe comme si, au cours du processus séculaire de passage d'une mortalité et d'une fécondité élevées à une mortalité et une fécondité basses, les enfants se trouvaient remplacés, statistiquement, par des personnes âgées, si bien que, au total, le nombre relatif total de jeunes et de vieux ne varie guère. Mais la pyramide des âges prend une tout autre configuration. Lors des phases successives de la transition démographique, la répartition par âges passe de sa forme triangulaire traditionnelle (forte fécondité, forte mortalité) pour adopter un profil rectangulaire (fécondité voisine du seuil de remplacement des générations, très faible mortalité des enfants et des adultes) et finalement – lorsque la fécondité tombe durablement en deçà du niveau de remplacement, avec un allongement important de l'espérance de vie aux âges élevés – une forme de trapèze (rétraction de la base, gonflement du sommet). La pyramide des âges tend ainsi à pivoter autour de sa partie centrale, dont le poids relatif reste, finalement, à peu près constant : c'est la loi de Sundbärg. La diminution de la proportion de jeunes adultes (20 à 40 ans) est compensée par l'augmentation de celle des adultes mûrs (40 à 60 ans), cependant que, toujours en proportion, la baisse du nombre d'enfants devient inférieure à la hausse du nombre de personnes âgées. On assiste à une *inversion de la pyramide des âges* : le vieillissement démographique est tel que dans les pays industriels les personnes âgées se font peu à peu plus nombreuses que les enfants. Le basculement va au-delà de la compensation numérique.

IV. – **Les régularités sociales**

1. **La surmortalité des pauvres.** – Le profil socio-professionnel de la population est en transformation rapide. Les métiers manuels (paysan, notamment)

reculent cependant que les emplois de bureau se multiplient. Dans les pays les plus avancés, les ménages d'ouvriers sont désormais moins nombreux que les ménages de retraités, en pleine expansion (un quart de l'ensemble des ménages en France, par exemple). Quatre catégories y sont en croissance : les professions intermédiaires (telles que les techniciens), les cadres, les employés des services, les personnes occupées à temps réduit (et parfois même les chômeurs). Une homogénéisation des styles de vie s'est produite (urbanisation, diffusion du confort ménager, développement de la culture de masse). Déjà bien observé dès le siècle dernier et mis au compte des différences d'alimentation, de logement et de chauffage, l'écart de mortalité entre riches et pauvres reste cependant profond ; il semble bien être un trait permanent des sociétés. Bien plus, les inégalités face à la mort se sont accrues dans la période récente – cela malgré l'extraordinaire développement des politiques de protection sociale – entre les métiers manuels et les métiers non manuels. Tout se passe comme si l'accélération du progrès des sciences médicales créait une distance nouvelle entre les milieux informés et les milieux peu ou pas instruits.

C'est à l'intérieur des pays pauvres qu'existent les plus fortes inégalités sociales devant la mort puisque l'on voit se juxtaposer les conditions sanitaires les plus avancées parmi les élites urbaines occidentalisées qui ont accès aux bénéfices des thérapeutiques nouvelles, et les plus archaïques dans les couches les plus démunies, qui en sont exclues.

Alors même que leur durée de vie est moins longue, les hommes sont, par ailleurs, plus touchés que les femmes par les inégalités sociales. Ainsi, en France, pour le sexe féminin, les écarts d'espérance de vie selon la condition sociale sont à peu près deux fois moindres que pour les hommes.

2. **La sous-fécondité des pays riches.** – L'influence du revenu sur la fécondité est, *a priori,* ambiguë. Elle a, en conséquence, suscité des théories contradictoires. Selon la première, à laquelle est associé le nom de Malthus, le développement économique stimule la fécondité : l'accroissement de la demande de travail encourage la formation des mariages et la constitution des familles (cas de l'Angleterre à l'époque de la révolution industrielle). La théorie de la transition démographique repose sur un postulat contraire : en élevant progressivement le niveau de vie, la croissance économique transforme l'homme et crée chez lui une aspiration générale vers plus de bien-être. Elle suscite donc des besoins nouveaux qui, tôt ou tard, favorisent la limitation de la progéniture. L'une et l'autre de ces théories s'avèrent tour à tour exactes, car elles s'appliquent à des stades historiques différents, la vision malthusienne ne valant, par exemple, que pour des sociétés traditionnelles : « Un premier degré de bien-être, parmi des populations rudes et ayant peu de besoins, tend à développer la prolificité, un degré ultérieur de bien-être, d'instruction et de sentiment démocratique la restreint », écrit Leroy-Beaulieu[1].

Le lit du pauvre est, en général, plus fécond que celui du riche.

1. P. Leroy-Beaulieu, *La Question de la population*, Paris, Alcan, 1913.

Chapitre IV

LA TRANSITION DÉMOGRAPHIQUE

La transition démographique est le passage d'un régime ancien de quasi-« équilibre » haut (forte mortalité, forte fécondité) à un régime moderne de quasi-« équilibre » bas (faible mortalité, faible fécondité).

I. – Universalité du principe, diversité des modalités

Dans les sociétés agraires traditionnelles, l'évolution de la population se caractérise par un régime d'équilibre séculaire à croissance lente, mais à évolution instable : la forte fécondité est compensée par une mortalité élevée, parfois effroyable, car sujette à de très violentes crises (guerres, famines, épidémies). L'exubérance de la fécondité est, en réalité, la condition de survie des groupes humains, d'où ce culte de la fécondité, omniprésent dans les religions et les civilisations anciennes. La régulation démographique est opérée par ces crises de surmortalité périodique ramenant, selon le principe décrit par Malthus, la population au niveau des subsistances. La médecine scientifique n'existe pas ; l'homme n'a guère prise sur son destin. L'idée de lutte contre la mort est même absente, voire sacrilège. C'est la soumission à l'ordre divin. Peu à peu toutefois, à partir de la Renaissance, ce fatalisme régresse et les communautés humaines s'organisent pour combattre les fléaux millénaires. Cette disparition de la mortalité par catastrophes est suivie par une phase de déclin séculaire de la mortalité ordinaire, dès que le progrès scientifique et technique permet de combattre les maladies infectieuses et d'assurer la sécurité alimentaire.

Pendant ce temps, la fécondité se maintient à son niveau traditionnel, celui qui garantit la survie du groupe (5 ou 6 enfants en moyenne par femme). Avec la pression démographique qui en résulte et surtout la mutation des structures socio-économiques liée à la croissance économique moderne (industrialisation, urbanisation, élévation du niveau d'instruction, montée du coût de l'enfant) la fécondité elle-même s'ajuste aux modifications de l'environnement pour converger vers des niveaux bas ; elle peut même descendre bien en deçà du seuil de remplacement des générations ; les flux migratoires s'inversent, l'émigration faisant place à l'immigration (en provenance de pays à transition moins avancée). C'est cette phase d'« équilibre » bas que connaissent, par exemple aujourd'hui, les pays du Vieux Continent, l'évolution post-transitionnelle est même telle que le déficit de fécondité est profond et que de nombreux pays font déjà face à une diminution de leur population. Entre le régime traditionnel d'« équilibre » haut et le régime contemporain d'« équilibre » bas, se situe une période de déséquilibre « transitoire » (qui peut néanmoins durer d'un à deux siècles), caractérisée par une croissance plus ou moins forte, que l'on appelle la transition démographique.

Les différents pays du monde en sont à des stades très variables du processus de transition. Si la baisse de la mortalité s'est étendue à l'ensemble de la planète, il n'en va pas de même de la baisse de la fécondité et le clivage entre pays développés et pays peu développés est de moins en moins pertinent puisque les positions de ces derniers s'échelonnent sur un continuum très vaste couvrant les valeurs les plus faibles et rendant donc désuète la nomenclature classique.

D'un pays à l'autre, le contexte où naît, se développe et mûrit la transition démographique peut varier grandement selon l'état des techniques, l'héritage culturel, l'ouverture internationale. La généralité du principe n'exclut donc pas la différence des modalités. La courbe en cloche (fig. 2) qui décrit le taux de croissance de la population pendant l'époque de transition est plus ou moins grande.

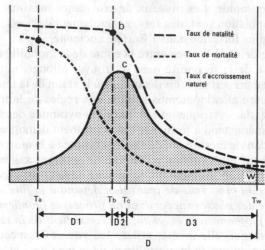

Fig. 2. – Les phases de la transition démographique

a = début de la baisse de la mortalité.

b = début de la baisse de la fécondité.

c = début de la phase de rétrécissement de l'accroissement naturel.

w = fin de la transition démographique.

D1 = durée de la phase de gonflement de l'accroissement naturel.

D2 = durée de la phase de plafonnement de l'accroissement naturel.

D3 = durée de la phase de rétrécissement de l'accroissement naturel.

D = durée totale de la transition démographique.

C'est donc le volume de cette cloche qui donne une idée de la poussée démographique correspondante. *En règle générale, plus le phénomène est tardif, plus l'augmentation de la population tend à être importante.* Les pays peu développés bénéficient des progrès médicaux accumulés lors des décennies précédentes dans le monde développé : la baisse de la mortalité y est à la fois brutale et rapide. Les niveaux de croissance maximale de la population sont, dès lors, généralement deux ou trois fois plus forts que dans l'Europe ancienne.

Le délai de latence entre la chute de la mortalité et la baisse de la fécondité peut se trouver allongé, notamment dans certaines civilisations où le statut de la femme demeure plus longtemps soumis aux règles de la tradition (Islam, Afrique noire). Enfin, la pyramide des âges elle-même tend à freiner le ralentissement démographique dans la mesure où, du fait de la chute de la mortalité, l'effectif des générations en âge de procréer augmente fortement. Autrement dit, le *volume de la croissance au cours du processus de transition dépend à la fois de la durée des phases successives du processus (gonflement, puis plafonnement et, enfin, rétrécissement de la croissance)* qui, elle-même, reflète les vitesses respectives de diminution de la mortalité et de la natalité – *et de la « hauteur » de la transition –*, c'est-à-dire du niveau de croissance maximal atteint par la population.

Bien entendu, la courbe ci-dessus est stylisée, car elle ne fait pas apparaître l'éventualité, de plus en plus probable, d'une baisse de la population lors de la phase post-transitionnelle.

II. – **Le multiplicateur transitionnel de population**

Le produit de ces évolutions peut se résumer par un indice synthétique, appelé multiplicateur transitionnel de population. Celui-ci mesure l'augmentation de la population réalisée au cours de la transition.

La valeur de cet indice est très variable d'un cas à l'autre. Si l'on fait démarrer la transition au milieu du XIXe siècle, alors le multiplicateur devrait, à l'échelle du monde, s'établir autour de huit. En effet, d'après les perspectives à long terme des Nations Unies et de la Banque mondiale, la population du monde devrait, à l'issue du processus de transition, plafonner autour de 8 à 10 milliards, alors qu'elle n'était que de l'ordre de 1,2 milliard vers 1850.

En France, où le profil de transition a été quasiment plat (à l'exception de deux mamelons : Second Empire et baby-boom 1946-1973), ce multiplicateur est de deux à peine ; encore faut-il souligner que, sans l'appoint de l'immigration, il eût été encore plus faible. À l'opposé, se trouve le cas du Kenya où, lors de la période 1975-1990, le taux de croissance naturelle a dépassé 4 % par an : le multiplicateur pourrait y atteindre la valeur de 15 environ. Entre ces deux extrêmes, s'inscrivent tous les cas de figures possibles. En règle générale, plus la transition est tardive, plus elle tend à être explosive. Dans le monde en développement, la mutation démographique se produit de façon accélérée, et le chiffre du multiplicateur comporte une part d'inconnu, qui varie selon le degré d'avancement du processus. Là où la fécondité et la mortalité sont d'ores et déjà très basses, le phénomène appartient pour l'essentiel au passé et sa mesure est connue avec précision ; en revanche, là où la fécondité n'a pas, ou guère, baissé (le déclin séculaire de la mortalité est, depuis plusieurs décennies déjà, universel), il subsiste une incertitude, liée principalement à l'échéancier futur de cette baisse. En dehors du cas de l'Afrique tropicale, où le retard est important, cette incertitude est cependant réduite ; non seulement le processus de transition est déjà réalisé pour sa plus grande part, mais l'avenir est largement conditionné par le passé, en raison de la vitesse acquise et de l'inertie de la structure par âges. Notons toutefois, au vu des perspectives existantes, certains ordres de grandeur vraisemblables. Ainsi, dans la plupart des pays *d'Afrique, le multiplicateur devrait être compris entre dix et vingt, cependant qu'en Asie, dont les pays les plus peuplés ont vu la baisse de fécondité s'amorcer dès la fin des années 1960, il devrait être de l'ordre de cinq à huit.*

Chose peu connue, depuis trois décennies déjà, le taux d'accroissement de la population mondiale est dans sa phase de ralentissement. Ce taux, qui n'avait pas cessé d'augmenter depuis le XVIIIe siècle et s'était subitement accéléré au lendemain de la Seconde Guerre mondiale (0,90 % en moyenne par an en 1940-1950 ; 1,8 % en 1950-1960) est aujourd'hui moindre qu'il ne l'était dans les années 1950. Le sommet avait été atteint durant la décennie 1960 : 2,06 % par an en 1965-1970. Le nombre d'habitants supplémentaires n'en continue pas moins d'augmenter d'année en année jusque vers 1990 : 47 millions par an au début des années 1950, 73 millions vers 1970, 84 millions à la fin des années 1980 et 78 millions vers 2000. Le processus s'est donc inversé, puisque cet accroissement annuel a déjà plafonné avant de redescendre encore peu à peu (72 millions vers 2020). L'accroissement absolu n'enregistre donc qu'avec une trentaine d'années de retard les variations de l'accroissement relatif (1,1 % en 2005) : pour les taux de croissance, l'inflexion s'est produite vers 1970 (époque où le processus séculaire de baisse de la fécondité s'étend aux pays les plus peuplés) ; pour la croissance du nombre, ce fléchissement n'a eu lieu que vers l'an 2000.

C'est que le taux s'applique à un effectif de population en accroissement rapide ; il faut donc attendre que la chute de la fécondité se soit traduite statistiquement sur l'évolution du nombre de femmes en âge de procréer. D'où ce décalage de l'ordre d'une trentaine d'années : les filles nées vers 1975 sont les mères des années 2000-2005.

III. – Le multiplicateur d'âge

Nous n'avons, jusqu'à présent, examiné que l'accroissement de la population totale. Or la transition démographique s'accompagne d'une transformation de la pyramide des âges : celle-ci tend à basculer autour de sa partie centrale et sa silhouette peut même – en cas de maintien d'une très faible fécondité et d'allongement important de la durée de vie – prendre l'allure d'un triangle inversé (c'est-à-dire reposant sur une pointe). Ce scénario est en train de se produire sous nos yeux dans certaines villes d'Europe occidentale (comme en Allemagne fédérale ou en Italie du Nord). On ignore jusqu'où peut aller ce processus d'inversion de la pyramide des âges.

Le graphique 3 fournit une illustration schématique de l'évolution du taux de croissance du nombre de « jeunes » (moins de 15 ans) et du nombre de « vieux » (plus de 65 ans) lors de la transition.

Le nombre de personnes âgées de plus de 65 ans poursuit sa montée plus longuement et plus rapidement que le reste de la population. Plus longuement, parce qu'il faut attendre que les générations nombreuses nées avant la baisse de la fécondité atteignent les âges élevés. Plus rapidement, parce que l'effet cumulé de la baisse de la mortalité affecte ces générations tout au long de leur cycle de vie. Plus le groupe d'âge considéré est élevé, plus le multiplicateur correspondant est grand (dans le cas des centenaires, celui-ci peut, à la limite, tendre vers l'infini). Voici quelques données de base sur le cas de la population de l'Inde (millions) :

Groupe	Années			
	1921	1981	2050	2150
« Jeunes » (moins de 15 ans)	123	265	315	315
« Vieux » (plus de 65 ans)	8	23	206	330
Population (tous âges)	315	676	1 525	1 677

Sources : Recensements de 1921 et 1981 :
projections de la Banque mondiale.

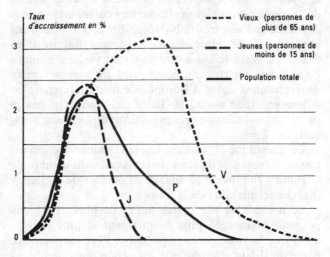

Fig. 3. – Évolution du nombre de jeunes
et du nombre de vieux
pendant la transition démographique

Le nombre de personnes âgées pourrait, à terme, comme cela s'observe déjà dans certaines métropoles occidentales, dépasser le nombre de jeunes. En 1921, il était quinze fois moindre. Le XXIᵉ siècle sera dominé par le phénomène de vieillissement des populations.

Mais ce vieillissement revêtira un caractère plus ou moins puissant selon les caractéristiques de la transition démographique.

Le tableau suivant donne les ordres de grandeur possibles du multiplicateur transitionnel pour la population totale et pour les groupes d'âges « 0-14 ans » et « 65 ans ou plus » dans certains cas de figures contrastés (France, Inde, Mexique, Kenya)[1] :

	France	Inde	Mexique	Kenya
	Multiplicateur transitionnel			
Population totale	2	5	10	20
« Jeunes » (moins de 15 ans)	1,5	2,5	7	10
« Vieux » (plus de 65 ans)	10	40	100	200

La France est un cas de transition lente ; le Mexique et le Kenya correspondent, à l'inverse, à une transition explosive, cependant que l'Inde est dans une situation intermédiaire.

Le nombre de personnes âgées pourrait, à l'issue du processus de transition, être multiplié par 100 au Mexique et par 200 au Kenya. Le changement est saisissant. On mesure ici l'incidence de la multiplication de deux effets : celle de l'augmentation de la taille de la population (effet d'échelle), celle de la variation de la répartition par âges (effet de structure). À l'horizon 2100, à l'échelle du monde, le renversement de la pyramide des âges pourrait être tel que l'effectif des personnes très âgées (80 ans ou plus) pourrait dépasser celui des jeunes de moins de 20 ans[2].

1. Calculé d'après les projections de la Banque mondiale.
2. W. Lutz *et al., The End of World Population Growth in the 21st century*, Londres, Earthscan, 2004, 341 p.

Une telle conclusion mérite une attention particulière, compte tenu de l'évolution des modes de vie : l'observation courante montre, en effet, que, dans les sociétés en cours de modernisation, la charge de la vieillesse est peu à peu transférée de la famille à l'État. Or *des bouleversements sans précédent de la composition par âges se préparent.* Les responsables politiques doivent en prendre conscience sans tarder, car les budgets publics seront soumis à des pressions jusqu'alors inconnues.

L'inversion de la pyramide des âges peut atteindre une ampleur inattendue. Conformément à l'intuition de Landry (1934), la fécondité posttransitionnelle demeure inférieure au niveau de remplacement des générations, créant ainsi une situation nouvelle : *déficit croissant de jeunes* et dilatation rapide des effectifs de personnes âgées.

IV. – **La transition migratoire**

La transition démographique ne comporte pas seulement un changement des régimes de fécondité et de mortalité. Elle entraîne une transformation parallèle du régime migratoire.

La migration exerce un rôle de *régulateur économique et démographique* ; elle joue comme un mécanisme réducteur de tensions : on le voit bien dans l'histoire de la population européenne. Lorsque l'Europe a connu, au siècle dernier, un fort excédent de population, il s'est ensuivi d'importantes vagues d'émigration. Depuis que la fécondité y a fléchi au point que l'accroissement naturel est devenu négligeable, elle est peu à peu devenue territoire d'immigration ; elle est même désormais le premier continent d'immigration. Le phénomène a commencé en France (où la limitation des naissances a été plus précoce et, en conséquence, les pénuries sectorielles de main-d'œuvre affirmées plus tôt) et s'est étendu aux autres pays d'Europe du Nord-Ouest, puis il s'est propagé en Europe du Sud.

L'inversion des courants migratoires vaut pour des pays aussi différents que la Suède et l'Italie, avec un décalage d'environ quatre décennies. Dans un cas comme dans l'autre, les soldes migratoires, négatifs pendant l'époque de forte croissance naturelle, se retournent lorsque celle-ci tend vers zéro. Le mécanisme ne semble pas comporter d'exceptions.

Le degré d'extraversion des peuples est cependant très variable d'un cas à l'autre : la propension à émigrer ou, en sens inverse, à accepter l'immigration est plus ou moins grande selon les pays. Certains acceptent plus volontiers le brassage, voire le métissage. Une même situation de pression ou, en sens inverse, de dépression démographique peut donc se résoudre de façon différente. La France rurale a, au XIXe siècle, préféré la limitation des naissances au départ vers les nouveaux mondes et elle n'a pas tardé à trouver dans l'immigration un remède à ses faiblesses. À l'opposé, plus tournée vers le grand large, l'Angleterre a, comme certains peuples de navigateurs (Portugais), alimenté une émigration très importante au regard du nombre de ses habitants. La position insulaire du Japon, souvent comparée, pour l'Asie, à celle de l'Angleterre pour l'Europe, s'est caractérisée, à l'inverse, par un fort repli sur soi. Le territoire japonais était, comme l'espace français, densément peuplé depuis des siècles. Pour résorber ses excédents démographiques, le Japon recourait à des solutions internes telles que le retard des mariages ou l'infanticide. L'émigration n'a été utilisée, comme régulateur démographique, que tardivement et faiblement. Dans une situation symétrique, face au ralentissement brutal de l'apport de main-d'œuvre jeune à partir des années 1970 (conséquence de la chute de la fécondité des années 1949-1957), tout se passe comme si le Japon avait choisi l'automatisation de préférence à l'immigration de main-d'œuvre étrangère. Mais cette stratégie n'a pas tardé à découvrir ses propres limites : toutes les tâches ne sont pas robotisables. Ainsi, dans les années 1980, le Japon est devenu, à son tour, un pays d'immigration : la disparition des volants de main-d'œuvre agricole et artisanal, l'élévation du niveau d'instruction des femmes font que les métiers manuels les plus ingrats sont de plus en plus délaissés.

Le même changement est en cours dans les pays d'Asie orientale à basse fécondité (Corée du Sud, îles chinoises, Thaïlande, etc.).

Chapitre V

LA MODERNISATION
DÉMOGRAPHIQUE
ET SES FACTEURS

La transition démographique n'est qu'une dimension parmi d'autres de la révolution générale (scientifique, économique, mentale) qui, partie d'Europe occidentale à l'époque de la Renaissance, a atteint, par vagues successives, le reste de l'Europe et s'est ensuite propagée sur l'ensemble de la planète, touchant une à une les sociétés dans ce qu'elles ont de plus profond et de plus complexe. En ce sens, elle n'est que la version démographique de la modernisation des modes de vie.

Le premier progrès, le plus décisif, a consisté à repousser la mort. Ce progrès a conditionné tous les autres, depuis la limitation des naissances jusqu'à l'éclatement des structures familiales, en passant par l'essor des villes ou l'émergence des formes contemporaines d'économie.

I. – La baisse de la mortalité

Les progrès sanitaires réalisés depuis la Seconde Guerre mondiale ont été si profonds que plus de la moitié des pays du monde ont aujourd'hui une espérance de vie supérieure à 60 ans. Or, dans une population traditionnelle, sans technique médicale, la durée de vie moyenne s'échelonne entre 20 et 30 ans seulement, selon les données naturelles (climat, ressources) et selon les caractéristiques de la société (degré d'inégalité, coutumes d'allaitement des nourrissons).

L'organisation politique. – Vers 2005, une vingtaine de pays seulement ont encore une espérance de vie inférieure à 50 ans. Il s'agit soit de cas où, à la suite de circonstances historiques particulières, la pénétration de la médecine occidentale n'a pu se produire normalement, soit de pays ravagés par l'épidémie de sida (Afrique australe). Ces pays (Éthiopie, Somalie, Tchad, Angola, etc.) sont souvent en état de guerre, de désorganisation politique. La totalité d'entre eux, sauf Haïti, se trouve en Afrique noire, où le sida exerce, dans certains cas extrêmes, des ravages effroyables, allant jusqu'à faire chuter de quinze ans l'espérance de vie à la naissance.

De la mortalité ancienne à la mortalité contemporaine. – Dans les sociétés anciennes, à la mortalité normale, estimée à 35 ‰ environ, s'ajoutait une surmortalité accidentelle irrégulière due aux catastrophes (guerres, famines, épidémies). En France, par exemple, au milieu du XVIIIᵉ siècle, l'espérance de vie est de l'ordre de 25 ans seulement. À l'âge de 1 an, 30 % des nouveau-nés sont décédés ; moins de la moitié des nourrissons parviennent à l'âge adulte. Parmi ces rescapés, seule une minorité traverse ensuite la vie adulte, si bien qu'à l'âge de 60 ans, pour 100 naissances vivantes, on compte moins de 20 survivants. Un individu sur 20 seulement vit assez longtemps pour fêter son 80ᵉ anniversaire.

Tout autre est la situation actuelle. Avec la disparition des décès prématurés, la durée de vie moyenne s'est considérablement allongée puisque, en 2008, elle atteint 77,8 ans pour les hommes et 84,5 ans pour les femmes. Le risque de mourir avant l'âge de 20 ans est minime : à peine 1,2 % pour les garçons et 0,8 % pour les filles.

Finalement, l'immense majorité des individus parvient aux âges de la retraite. On dit que la courbe de survie s'est rectangularisée ; au lieu de frapper essentiellement des enfants et des jeunes, la mort est désormais un phénomène du grand âge, voire du très grand âge. À l'âge de 60 ans, l'espérance de vie – que l'on peut désormais assimiler à l'espérance de retraite – avoisine vingt ans pour les hommes et vingt-cinq ans pour les femmes. La durée de la retraite devient aussi longue que la période de formation.

Le recul des grands fléaux millénaires (famines, épidémies, guerres et massacres) n'a été possible qu'à la suite d'un ordre politique permettant de surmonter les conflits internes aux pays et de limiter les conséquences attachées aux grandes catastrophes. En Inde, par exemple, il a fallu attendre l'instauration du Code de la famine et, de manière plus décisive, la mise en place des premières campagnes de vaccination par l'administration britannique pour voir fléchir la fréquence des pointes de surmortalité extraordinaires. C'est, en effet, de l'autorité relative de l'État que dépendent la législation et son application effective (instauration de quarantaines et coordination internationale de la prévention en cas d'épidémies, installation de réseaux d'eau potable, circulation des grains) ; la qualité de l'infrastructure générale (canalisations, égouts, réseau de transport et de communication) et médicale (densité et efficacité de l'offre de soins). Ainsi, le facteur déterminant du recul de la peste aux XVIIe et XVIIIe siècles semble bien avoir été d'ordre politique : il a fallu attendre l'organisation d'un réseau d'information et de contrôle sanitaire pour que la lutte contre ce fléau devienne efficace.

Lorsque l'administration devient assez forte pour imposer l'ordre social et la discipline des lois, de grands progrès ont lieu dans tous les domaines : cette mutation institutionnelle facilite non seulement la maîtrise des fléaux, mais la diffusion des innovations sanitaires et de la croissance économique.

Le progrès technique et les découvertes médicales. – Après l'extension de la vaccination contre la variole (début du XIXᵉ siècle), la révolution pasteurienne a marqué la première discontinuité majeure dans l'évolution des courbes de mortalité : c'est l'époque des premières campagnes de vaccination de masse (fin du XIXᵉ siècle). La seconde discontinuité apparaît avec la diffusion, dans la sphère occidentale et au-delà, de la pénicilline et des antibiotiques (période 1935-1960).

C'est la mise en œuvre de ce que Alfred Sauvy appelle les « techniques antimortelles de masse » (adduction d'eau potable, hygiène publique, vaccination, antisepsie) qui va bouleverser la carte démographique du monde. L'introduction de ces techniques va, en effet, provoquer une chute de la mortalité dans les pays les moins avancés et, dès lors, engendrer une poussée démographique très supérieure à celle qu'avaient connue les pays de peuplement européen à un stade similaire de leur transition démographique. C'est que ces derniers n'avaient pu profiter des progrès accumulés par la science et l'expérience. Les pays en retard avaient, quant à eux, l'avantage de pouvoir en tirer parti soudainement et pleinement : l'extension et la quasi-universalisation de la couverture vaccinale des nourrissons à partir des années 1980 expliquent les performances sanitaires réalisées par certains pays où l'échec économique est patent.

Croissance économique, nutrition et instruction. – Parmi les facteurs généraux, très variés, du recul de la mort, certains occupent une place particulière, comme la diffusion des techniques sanitaires de base évoquée ci-dessus : la durée de vie moyenne de cinquante ans, atteinte à l'époque de la Première Guerre mondiale en Europe occidentale, a été dépassée au cours des années 1950 dans un grand nombre de pays en développement, avec un niveau de vie nettement inférieur. Il faut également mentionner l'amélioration de la nutrition et l'élévation du niveau d'instruction. La malnutrition, et notamment la carence en protéines, affaiblit la production d'anticorps ; la sous-alimentation, quant à elle, diminue la capacité de résistance de l'organisme aux maladies infectieuses. L'élévation du niveau général d'instruction de la population agit, à son tour, de diverses manières : connaissance de l'hygiène et des techniques médicales, modification des conditions de vie et de travail, réduction de la fécondité.

La recrudescence de la mortalité dans les pays de la sphère soviétique depuis le milieu des années 1960 et, en sens inverse, la progression extraordinaire de l'espérance de vie dans les pays à forte croissance économique d'Asie orientale (Corée du Sud, Singapour, Hongkong, Taïwan et surtout Japon), désormais aux premiers rangs des performances sanitaires mondiales, montrent clairement le rôle des capacités économiques dans la lutte contre la mort au sein des pays les plus avancés. La victoire sur les pathologies modernes, d'origine dégénérative (cancers, maladies cardio-vasculaires), requiert des techniques sophistiquées et coûteuses.

Une histoire ancienne et méconnue. – Le début de la baisse séculaire de la mortalité est antérieur à ce qui est le plus communément admis. Dans la partie la plus avancée de la planète (quart nord-ouest de l'Europe : Angleterre, Hollande, Scandinavie), la mortalité a diminué dès le XVIIIᵉ siècle, notamment à partir des années 1750-1760. Les famines disparaissent et sont remplacées par des crises de subsistance. Le phénomène semble lié à une certaine amélioration de l'organisation collective, ainsi que de l'hygiène et même de l'alimentation. C'est l'époque où commence la véritable expansion du monde européen.

Au Japon, comme en Amérique latine et dans les régions européennes les plus éloignées du foyer de modernisation primitif, les progrès ne se font guère sentir avant la fin du XIXᵉ siècle. En Afrique et en Asie, le tournant est moins précoce, Mais il est généralement pris dès les années 1920 et parfois même antérieurement, grâce à un renforcement de l'efficacité des administrations coloniales : meilleures conditions de sécurité, effort d'irrigation, construction d'infrastructures de transport, lutte contre la variole et la malaria. La révolution sanitaire s'est ainsi, depuis l'entre-deux-guerres, étendue au monde entier. Symbole de mondialisation des échanges, elle a atteint le tiers-monde jusque dans ses régions les plus reculées. Pour l'ensemble des pays peu développés, l'espérance de vie en 2000-2005 s'établit autour de 62 ans. Elle est donc analogue à ce qu'elle était dans le monde développé (à définition constante actuelle) au lendemain de la Seconde Guerre mondiale. Des pays à bas revenu, dont l'Inde et l'Indonésie, atteignent cette moyenne de 63 à 65 ans, cependant que pour le Bangladesh l'ordre de grandeur tourne autour de 61 ans. Les progrès accomplis sont donc gigantesques, mais insuffisamment connus : même dans les deux régions les plus pauvres du monde (Afrique subsaharienne et Asie du Sud), l'espérance de vie a franchi des horizons que les populations européennes n'avaient, au cours des siècles passés, jamais pu approcher. La Norvège, pays longtemps le plus en avance sur le plan sanitaire, n'est, en effet, parvenue à dépasser le seuil de 55 ans qu'au début du XXᵉ siècle.

II. – **La baisse de la fécondité et le planning familial**

La *fécondité* des hommes n'a jamais été incontrôlée car elle aurait pu compromettre l'équilibre avec les subsistances. Elle *a donc toujours été plus ou moins freinée par des coutumes diverses, d'origine sociale ou religieuse* : allaitement prolongé, séparation des conjoints (pêcheurs, bergers), tabous sexuels, interdiction de remariage des veuves, pratique du coït interrompu, limitation des mariages, etc. La fécondité biologique maximale est estimée à 17 enfants en moyenne par couple. C'est là un maximum théorique, qui prend en compte des éléments aussi divers que la plus ou moins grande fertilité des couples, l'existence de fausses couches, l'aménorrhée *post-partum*, les stérilités acquises. Or l'ensemble des observations existantes montre qu'aucune population n'a avoisiné ce maximum. En dehors du cas de petits groupes humains particuliers (sectes religieuses, pionniers des îles vierges), la seule population importante à avoir connu durablement une fécondité élevée est celle du Québec, mais lorsqu'il culmine, au XVIIᵉ siècle, le nombre d'enfants par couple y est de l'ordre de 10. Ce nombre est donc assez éloigné du maximum possible. L'écart est lié en majeure partie à l'influence de la religion, qui incite à se marier tard et à respecter des périodes d'abstinence sexuelle, et à l'état sanitaire (fréquence des veuvages et de la stérilité acquise). Dans la plupart des pays, la fécondité prétransitionnelle s'échelonne entre 4 et 7 enfants par femme. Là où elle est la plus basse, le résultat est obtenu par la contrainte morale chère au pasteur Malthus, autrement dit par la discipline sexuelle, la maîtrise des pulsions. Le mariage est tardif et sélectif, et c'est lui qui autorise l'accès à la sexualité (les naissances hors mariage sont rares). Le principal frein à la multiplication des hommes est donc la limitation des mariages. Ce cas est caractéristique de l'Europe de l'Ouest qui, du XVIIᵉ au XIXᵉ siècle, combine la forte fréquence du célibat définitif et le mariage tardif (postérieur à 25 ans pour les femmes) ; il existe aussi, traditionnellement, dans plusieurs pays d'Asie orientale maritime non musulmane, où la pression démographique est forte (Japon, Philippines, Corée), mais le célibat y est rarissime. En Europe de l'Ouest, lorsque la limitation des mariages atteint son maximum historique (XIXᵉ siècle), la moitié des femmes d'âge fécond (15 à 50 ans) étaient socialement exclues du mariage ; au contraire, dans des pays comme l'Inde ou la Chine, où le mariage était précoce et universel, la proportion de femmes mariées à ces âges avoisinait 85 %. Le mariage tardif a aussi joué un rôle décisif dans la période récente au Maghreb, où la fécondité en 2005 n'est plus que de deux enfants en moyenne par femme.

De façon générale, la réduction de la fécondité est précédée par une limitation des mariages. *La transition reproductive tend,* en effet, *à s'accomplir en deux phases : recul de la nuptialité* (le plus souvent par retardement des unions), *limitation de la fécondité des mariages.* Cette évolution de la nuptialité est liée à la transformation de la condition de la femme et de l'enfant. *L'école est la clé du changement.* Là où elle est économiquement possible, la prolongation de la scolarité retarde l'âge au mariage. Elle fait de l'enfant un être à part qui n'est plus destiné à aider ses parents et à prendre leur succession sur l'entreprise familiale, mais qui crée des dépenses et des incertitudes nouvelles ; l'économie de la fécondité se trouve ainsi inversée, le coût de l'enfant devenant supérieur à son apport économique. L'école tend également à modifier le rôle de la femme dans la société : elle lui permet d'exercer une activité salariée moderne et, si elle est rurale, de s'installer à la ville, s'affranchissant ainsi de son rôle exclusif d'épouse et de mère vivant sous le contrôle de son entourage. Parce qu'elle transforme les mentalités, l'élévation du niveau d'instruction est plus importante que la croissance des revenus. L'irruption des moyens de communication de masse, en particulier de la radio et des messages dont elle est porteuse en matière d'hygiène et de limitation des naissances, tend, de son côté, à accélérer la transition démographique.

De l'antériorité française au retard africain. – La baisse séculaire de la fécondité a commencé en France à l'époque de la Révolution avec un siècle d'avance sur les autres grands pays occidentaux. Pour les pays moins développés, le déclenchement est plus tardif. Jusque vers 1960, la chute de la fécondité ne survient guère que dans de petites sociétés denses, insulaires et ouvertes : îles africaines sous influence occidentale (Maurice, Réunion), îles asiatiques de peuplement chinois (Taïwan, Singapour), ou cas particulier du Sri Lanka ; à un moindre degré, pays maritimes de dimension réduite et très ouverts à l'influence extérieure (Hongkong, Malaisie, Corée du Sud, Porto Rico, Cuba, etc.). Durant les années 1960, la baisse s'étend à des pays de plus grande taille, où jouent également des influences extérieures (Turquie, Colombie, Thaïlande, Philippines, Tunisie, Afrique du Sud, etc.). Mais c'est vers 1970, un siècle après le tournant occidental, que se place le seuil décisif : parmi les quatre pays les plus peuplés du monde en développement, trois (Chine, Inde et Brésil), qui représentent plus de la moitié (55 %) de cet ensemble, basculent, à peu près en même temps, dans la révolution contraceptive.

Dans les années 1970, l'évolution s'est étendue à des pays où existaient des freins importants, liés à la religion, à la pauvreté ou à l'isolement. Des pays aussi divers que le Mexique, l'Indonésie, le Pérou, le Vietnam, le Maroc, l'Égypte, la Birmanie ou le Bangladesh ont été, à leur tour, touchés, dans une mesure variable, par ce mouvement historique. Dans les pays islamiques, les niveaux de fécondité demeurent certes très élevés, mais ce premier fléchissement est un fait majeur : la chute notable enregistrée dans plusieurs républiques soviétiques de population musulmane en confirme la signification. Les années 1980 ont marqué une véritable inflexion dans plusieurs pays musulmans d'Asie (Pakistan, Irak, Iran, Qatar) ou d'Afrique (Algérie) ; différents pays d'Afrique noire sont touchés : le Zimbabwe, le Swaziland, le Botswana, la Mauritanie, le Soudan. Quelques années plus tard, vers 1990-1999, le recul de la fécondité se propage au Proche-Orient (Syrie, Jordanie) et même à un pays isolé et pauvre d'Asie comme le Népal ; surtout il s'étend à de nombreux pays d'Afrique subsaharienne : Kenya, Tanzanie, Zambie, Rwanda, Cameroun, Nigeria, Ghana, etc. Le mouvement séculaire de baisse de la fécondité est donc à l'œuvre sur presque toute la surface de la terre. En dehors de certains pays montagneux enclavés (Afghanistan) et de cas singuliers, où la misère est due à des conditions politiques défavorables (Laos, Cambodge), seules restent encore à l'écart une partie du Moyen-Orient arabe (Arabie Saoudite, Yémen) et surtout une grande partie de l'Afrique noire (notamment au centre et à l'ouest) ; la population correspondante devient résiduelle (un dixième de la population mondiale). Au début du XXIᵉ siècle, un pays très pauvre, défavorisé par l'histoire, le relief et le retard d'infrastructure, comme l'Éthiopie, enregistre de notables progrès de la prévalence contraceptive, sans doute liés à la politique de population.

Hormis certains cas récents et exceptionnels, dont le plus notable est celui de la Chine, qui a entrepris une politique coercitive de limitation des naissances, allant même jusqu'à préconiser la famille à enfant unique, la chute de la fécondité résulte moins de l'influence des politiques menées par les pouvoirs publics que de la transformation des comportements induite par la modernisation. Ainsi, à l'instar du Japon, dont la fécondité a, dans la période de reconstruction et de boom de l'après-guerre (1949-1957), diminué de moitié, passant du plus haut au plus bas niveau de l'ensemble du monde industriel, les quatre « dragons » (Corée du Sud, Taïwan, Singapour, Hongkong) ont tous, vers 2005, une fécondité très sensiblement inférieure au niveau de remplacement des générations. L'excès de civilisation tue la vie.

La révolution contraceptive a certainement accéléré et amplifié le changement, mais on ne saurait en faire la cause originelle. Du reste, depuis l'invention de la pilule en 1956, les méthodes contraceptives n'ont guère évolué, les inconvénients de la pilule et du stérilet pour certaines femmes demeurent. La recherche de méthodes plus simples, peu coûteuses, réversibles et à longue durée d'action reste d'actualité ; la découverte du contraceptif parfait n'est pas annoncée pour demain.

Au total, alors que, dans les pays riches (et même au-delà), la sous-fécondité s'étend, s'accélère et se généralise, que ce soit en Amérique du Nord, à l'exception des États-Unis, en Europe, en Asie de l'Est, au Maghreb, en Iran, en Turquie, au Brésil, etc., dans le monde en développement, l'évolution se trouve, en revanche, à des stades très variables. Les pays les plus engagés dans la baisse de la fécondité sont, à des degrés divers, ouverts à une influence de l'extérieur ; pour la plupart d'entre eux, d'ailleurs, la chute de la fécondité s'est produite à peu près à la même époque que la soudaine rechute observée dans le monde occidental ; dans un nombre croissant de cas, la fécondité est tombée en dessous du seuil de remplacement des générations. *Le schéma spatio-temporel de la baisse n'est pas sans évoquer un mécanisme de diffusion. Comme d'autres phénomènes, les évolutions démographiques se mondialisent. Seuls les pays les moins ouverts à la pénétration des valeurs ou des comportements de type occidental sont restés relativement à l'écart de la mutation contemporaine ; cependant, même pour ces pays, la question n'est pas de savoir si la baisse de la fécondité s'y produira, car le phénomène paraît inéluctable, mais quand et à quelle vitesse. Pour les pays du tiers-monde pris dans leur ensemble, le niveau de fécondité serait passé de 6 enfants en moyenne par femme en 1965-1970 à 2,9 en 2000-2005* ; la fécondité a parcouru plus des trois quarts du chemin qui sépare la tradition (6 enfants ou plus en moyenne par femme) de la modernité (2 enfants ou moins en moyenne par femme).

III. – Régulation et dérégulation : la société autistique

En Europe occidentale, la limitation des mariages a longtemps fait partie intégrante de la régulation démographique. Ce n'est que dans les dernières décennies du XIXᵉ siècle, lorsque la fécondité des mariages a régressé et que, parallèlement, la croissance économique moderne s'est manifestée, desserrant la pression sur les subsistances, que l'on a vu les unions devenir plus précoces et plus fréquentes. Le mariage a même connu un boom spectaculaire au lendemain de la Seconde Guerre mondiale : tout se passe comme si, après les années de dépression et de guerre, le retour à la paix et au plein-emploi avait restauré une ambiance d'optimisme et de confiance en l'avenir. Le mariage, la famille, la religion ont alors connu un regain de faveur. Les naissances se sont multipliées de façon inattendue, créant ainsi une étrange parenthèse dans le processus de transition démographique.

Mais, avec l'arrivée des générations de l'après-guerre aux âges adultes, cette *parenthèse historique* se ferme : dans les générations les plus jeunes, des comportements nouveaux se dessinent. On entre plus tard et moins souvent dans le mariage ; on en sort plus tôt et plus souvent. Le concubinage se diffuse et prend des formes nouvelles. Les unions libres ne résultent plus, comme au début de l'ère industrielle, d'une anomie de misère (elles ont touché, en premier lieu, les couches sociales défavorisées), mais d'une volonté d'échapper au contrôle des institutions. La fragilité des unions est plus grande que jamais. C'est davantage de *crise du couple* que de crise du mariage qu'il s'agit ; mariés ou pas, les partenaires ont du mal à rester longtemps unis. Dans plusieurs pays occidentaux (Suède, France, Angleterre), la moitié, voire davantage des naissances ont lieu hors mariage (souvent reconnues, certes, par la suite).

Les exigences affectives individuelles ont pris le pas sur les convenances, la pression sociale ou le souci de reproduction biologique. Cette anomie (perte de normes collectives) se traduit par un reflux vers des valeurs intimistes, qui retentit à son tour sur la fécondité : ce changement culturel encourage la famille restreinte au détriment de la famille nombreuse. Au total, en 2005, la population cumulée des pays en situation de sous-fécondité ou de fécondité proche du niveau de remplacement (entre 2,1 et 2,5 enfants par femme) représente déjà plus de la moitié de l'humanité (3,5 milliards d'habitants).

Les pays où la baisse séculaire de la fécondité n'a pas démarré sont devenus tout à fait marginaux, avec à peine un dixième seulement de la population du monde.

Une telle évolution n'avait aucunement été prévue. Encore faut-il admettre que les tentatives d'explication proposées *a posteriori* s'avèrent insatisfaisantes parfois même tautologiques : l'écheveau paraît inextricable.

Ce constat invite à la modestie. Si la démographie est, parmi les sciences humaines, celle qui, par la qualité de ses observations et la rigueur de ses méthodes, se rapproche le plus des sciences exactes, elle demeure très incertaine pour tout ce qui touche à ses ressorts fondamentaux. Les causes des changements démographiques relèvent d'interactions complexes, insaisissables.

Parmi les baisses séculaires de la fécondité intervenues depuis les années 1980, surtout dans les pays à bas revenu, l'effort de planning familial a été crucial. C'est la conjugaison de la mobilisation du corps médical et paramédical national et de celle des ONG et des organisations internationales – dotées d'une expérience de plus en plus sûre – face à une demande croissante qui, en l'absence de développement, a permis de commencer à maîtriser la croissance démographique.

Chapitre VI

LES CONSÉQUENCES
DE L'ÉVOLUTION DÉMOGRAPHIQUE

L'époque contemporaine se caractérise par des désé-
quilibres démographiques d'une ampleur inédite, dont
les conséquences seront d'une très grande importance
pour l'évolution de la carte économique, stratégique et
politique du monde. Les historiens du futur verront sans
nul doute là l'un des phénomènes majeurs, sinon le phénomène majeur, du passé récent et des prochaines décennies. Dans les pays riches, la sous-fécondité s'installe et
entraîne une menace de forte dépopulation et surtout de
vieillissement sans précédent ; dans la plupart des pays
pauvres, à l'inverse, le spectre de la surpopulation et de
l'emballement démographique continue à hanter le futur.
L'une et l'autre ne vont pas sans risques majeurs.

I. – Les théories :
stagnationnisme et néomalthusianisme

En schématisant quelque peu, on peut distinguer deux
versions opposées de la théorie des influences démographiques, l'une et l'autre étant, chacune à sa manière,
foncièrement déterministe. La première voit dans la
croissance démographique un obstacle majeur au développement économique, la seconde y voit, au contraire,
un stimulant indispensable. L'une est inspirée par la peur
de l'excédent, l'autre par la peur du vide. L'une prend
pour toile de fond les populations stagnantes ou en voie

de décroissance du monde industriel ; l'autre prend, au contraire, pour contexte, l'importante poussée des pays moins développés.

Le stagnationnisme. – La théorie de la stagnation, illustrée par les travaux de Keynes[1] (1937) et de Hansen (1939)[2], se situe dans la même ligne de pensée que la thèse de la pression créatrice dont on trouve une variante moderne dans les travaux de Boserup (1981)[3] ou de Simon (1977)[4]. Née dans les années 1930, elle s'inscrit dans le cadre des préoccupations que faisait naître alors la perspective d'une contraction de la population dans les pays occidentaux les plus avancés. S'appuyant sur Adam Smith, Hansen en résume le mieux l'esprit, par opposition aux vues de Malthus. « Élevés dans les traditions de la théorie malthusienne, les économistes pensent en termes statiques et ont tendance à interpréter avec optimisme la cessation de la croissance démographique. » Certes, admet l'auteur, la poursuite de la croissance au rythme qu'elle avait au XIXᵉ siècle poserait des problèmes insolubles, mais c'est tomber dans un optimisme de mauvais aloi que de nier l'importance des désajustements structurels auxquels il faudra faire face en cas de décroissance prolongée.

Pour Hansen, en effet, les éléments constitutifs du progrès économique sont au nombre de trois : 1/ l'invention, 2/ la découverte et la mise en valeur de terres et de ressources nouvelles, 3/ l'augmentation de la

1. J. M. Keynes, « Some economic consequences of a declining population », *Eugenics Review,* 29, 1937, p. 13-17.

2. A. H. Hansen, « Economic progress and declining population growth », *American Economic Review*, 29, 1939, p. 1-15.

3. E. Boserup, *Population and Technology*, Oxford, Basil Blackwell, 1981.

4. J. L. Simon, *The Economics of Population Growth*, Princeton University Press, 1977.

population. Or, en diminuant les occasions d'investissement, la contraction (ou, du moins, le rétrécissement de la croissance) de la population tend à aggraver le chômage et la dépression, car, en de telles circonstances, la demande est inférieure à l'attente des investisseurs. Une population décroissante vit sur le capital accumulé par les générations antérieures ; toute la question est alors de savoir comment évoluera le rendement de ce capital.

De par la force de ses propositions logiques et la qualité de ses fondements empiriques, la thèse de la stagnation séculaire renferme un indéniable potentiel de vraisemblance. Mais l'extraordinaire reprise de la croissance démographique (fruit de la reconstruction d'après-guerre) a réduit à néant toutes les spéculations sur les conséquences à attendre d'une stagnation ou d'une diminution des effectifs de population. On doit seulement se contenter d'observer que l'histoire moderne tend plutôt à confirmer *a contrario* l'argumentation de cette théorie puisque, depuis deux siècles, croissance démographique et croissance économique sont généralement associées de façon positive ; inversement, les périodes de récession économique et de sous-fécondité sont historiquement associées, dans une relation foncièrement ambiguë, tout au moins dans le monde occidental et au Japon.

Avec l'implosion de la population jeune dans les pays riches, en particulier dans l'UE où la fécondité est, de loin, la plus basse du monde avec celle des pays d'avant-garde en Asie orientale, cette thèse pourrait à l'avenir – sauf scénario d'immigration massive qui d'ailleurs ne parviendrait pas à empêcher le vieillissement de la population – connaître un regain mais sous une forme nouvelle. Devant les perspectives de rétraction du marché interne, les entrepreneurs pourraient être tentés d'accentuer leur stratégie d'exportation, cela alors même que la raréfaction de la main-d'œuvre et le vieillissement de la population (par le biais des dépenses de retraite et de santé) alourdiraient les coûts salariaux et donc nuiraient à la compétitivité des économies tout en facilitant les délocalisations vers les pays à bas salaires (donc à forte fécondité récente). D'ores et déjà, le poids de l'UE dans l'économie mondiale a sensiblement régressé depuis 1980.

La théorie néomalthusienne. – Dans sa version actuelle, la thèse néomalthusienne s'appuie sur un constat : l'existence de contraintes que fait naître la croissance rapide de la population. Elle est aujourd'hui incarnée par les modèles démo-économiques[1]. En dépit de leur apparente rigueur formelle, ces modèles sont souvent entachés d'un biais malthusien, qui ressort au travers de leurs caractéristiques fondamentales : l'horizon temporel, la définition de la variable clé (l'investissement), les hypothèses de base, en particulier celle relative à la productivité du travailleur marginal.

• *L'horizon temporel.* Les conséquences économiques de la naissance d'un individu se font sentir sur un intervalle de temps très long, disons égal à sa durée de vie. Compte tenu des différences que présentent les profils de production et les profils de consommation selon l'âge, ces conséquences sont d'abord négatives, avant de devenir positives, jusqu'à un point où le bilan cumulé depuis la naissance s'annule. Faire un choix, dans le calcul, d'une durée inférieure (ou supérieure) à l'âge auquel le bilan s'annule, c'est s'exposer à fournir des résultats systématiquement prédéterminés, défavorables (ou favorables) à la croissance de la

1. Le modèle de base a été conçu dans les années 1950. Voir A. J. Coale et E. M. Hoover, *Population Growth and Economic Development in Low-Income Countries*, Princeton, Princeton University Press, 1958.

80

population. Or la plupart des modèles démo-économiques ont un horizon limité à quelques décennies (souvent trente ans).

• *La définition de l'investissement.* L'investissement générateur de croissance est généralement pris dans une acception restreinte, puisqu'une séparation très nette est faite entre l'investissement physico-financier et l'investissement social (éducation, santé, logement), considéré comme une consommation. La logique est la suivante : une croissance rapide de la population oblige à consacrer une part importante des investissements à des dépenses de type social au détriment des biens d'équipement à haut rendement, autrement dit, elle est censée n'avoir aucun effet positif sur le taux de formation du capital. Or la prise en compte des investissements réalisés sous forme d'infrastructures, de construction, de logements, de dépenses de formation et de santé modifie la perspective. On sait aujourd'hui que l'investissement en capital humain est un des ressorts principaux de la croissance économique.

• *L'hypothèse de productivité marginale nulle du travailleur supplémentaire.* Contrairement aux opinions reçues, il n'y a pas systématiquement de main-d'œuvre supplémentaire à productivité marginale nulle : dans l'agriculture, par exemple, en raison de l'irrigation, l'input de travail peut augmenter en même temps que l'on enregistre une amélioration de la productivité agricole.

La force de l'argumentation néomalthusienne réside aujourd'hui davantage dans les risques que fait peser la croissance de la population sur le système écologique ou sur le marché de l'emploi.

Le prix de l'explosion démographique. – Dans nombre de pays en développement, notamment en Afrique, la croissance démographique peut, par son rythme excessif, faire obstacle au développement. Ce rythme fait naître certaines contraintes en alourdissant la pression sur les institutions (écoles, dispensaires, etc.) et sur le système économique. Il faut aussi mentionner des facteurs structurels tels que la faiblesse de l'État, la corruption, l'émiettement ethnique, économique et politique.

En Afrique subsaharienne, la production alimentaire par habitant a diminué depuis les années 1970 ; le déficit céréalier s'aggrave d'année en année dans un nombre important de pays, posant de redoutables problèmes de solvabilité ; en Amérique latine et surtout en Asie, l'évolution a, au contraire, été favorable. La Banque mondiale estime à 800 millions le nombre de personnes qui n'ont pas une alimentation suffisante pour mener une vie active normale. Le fait ne tient pas seulement à l'insuffisance des progrès de la production agricole, il est lié aussi aux inégalités sociales et au faible pouvoir d'achat de nombreuses catégories de la population, frappées par le chômage et le sous-emploi. La question alimentaire, posée en son temps par Malthus, n'a donc pas disparu, même si elle se pose en des termes tout autres que ceux qu'il avait prévus : l'évolution des biotechniques laisse attendre une hausse forte des rendements agricoles, prolongeant la tendance séculaire ; ce changement ne résout pas – et même aggrave – la question de la capacité d'achat des masses les plus démunies, dépourvues d'emploi, donc de revenu.

D'après le Bureau international du travail, entre 1985 et 2025, la population active dans les pays en développement devrait s'accroître de 1,4 milliard de personnes : environ 800 millions en Asie, 430 en Afrique, 170 en Amérique latine. Or, selon les estimations courantes, le sous-emploi serait déjà de l'ordre de 40 à 50 % dans la plupart des pays du « Sud ». Compte tenu des changements techniques, le fossé ira grandissant entre l'offre et la demande d'emplois. L'aggravation du chômage urbain fait, à son tour, redouter d'importants risques de déstabilisation politique ; or, si la population totale des pays en développement double au rythme actuel tous les vingt-cinq à trente-cinq ans, pour les grandes villes, le temps de doublement n'est souvent que de dix à quinze ans.

Une autre sérieuse préoccupation est d'ordre écologique. La pression démographique sollicite la capacité de la nature au-delà de ses limites. La consommation de ressources naturelles rares (espace, eau, énergie, bois) se trouve accrue. En Afrique subsaharienne, des pénuries d'eau sont à craindre, qui peuvent compromettre l'effort de modernisation de l'agriculture ; par ailleurs, les tendances à la désertification et au déboisement se trouvent accentuées. Or le bois de chauffage est la principale source d'énergie pour environ un quart de l'humanité et les forêts tropicales sont d'ores et déjà défrichées à un rythme excessif.

II. – Les faits : la revanche du tiers-monde

Les craintes néomalthusiennes n'ont pas toujours été justifiées, du moins dans le passé.

Partons d'un cas historique extrême qui illustre les effets de la pression créatrice ou la réaction de l'homme devant la difficulté. Au lendemain de la défaite, ruinés, submergés par des vagues de réfugiés, l'Allemagne et le Japon étaient l'un comme l'autre promis par les plus grands experts au surpeuplement et à la misère. Or ces sombres pronostics ne se sont aucunement réalisés. L'Allemagne a non seulement absorbé 12 millions de réfugiés, mais elle a fait venir en plus 2 millions de travailleurs étrangers. Plus souples, plus mobiles, souvent très qualifiés, les immigrants ont apporté leur savoir-faire ; par leur nombre, ils ont pesé sur les salaires et favorisé l'investissement ; contrairement aux prévisions courantes, le chômage n'a pas augmenté et la croissance du revenu a été très forte. Au Japon, de même, le retour des réfugiés des anciennes colonies (Corée, Formose) n'a pas entraîné la ruine attendue ; il a, au contraire, contribué à la vigueur de la reconstruction. Pendant la phase de « miracle », le taux de croissance économique a atteint 10 % par an durant un quart de siècle. Aujourd'hui touché par une profonde sous-fécondité entamée dès 1957, le pays assiste à une chute du marché des jeunes ménages, une pénurie chronique de main-d'œuvre, et depuis 1990 il est en situation de récession économique, malgré la stratégie d'exportation vers la Chine, en forte croissance.

De façon plus générale, l'expérience montre que les craintes suscitées par la croissance démographique ont été excessives. De même que l'explosion démographique du monde européen n'a pas empêché le premier boom de l'économie mondiale (1850-1913), de même le second boom de l'économie mondiale (1946-1973) a coïncidé avec l'explosion démographique du tiers-monde. L'histoire européenne a associé l'expansion démographique et la croissance des économies modernes, l'une et l'autre résultant, pour une grande part, du progrès technique. La puissance économique du monde occidental s'est accrue, de ce fait, dans des proportions considérables. Un processus analogue semble aujourd'hui s'amorcer *dans les pays moins développés d'Amérique latine et surtout d'Asie où, après des siècles de stagnation ou de croissance lente, une forte expansion économique s'est réalisée depuis la Seconde Guerre mondiale.* L'écart relatif de revenu entre pays « développés » et pays dynamiques du « tiers-monde » a cessé de s'élargir. Le tiers-monde ne constitue certes pas un bloc homogène et le développement des économies y a été très inégal. L'Afrique noire est marginale : à peine plus de 2 % du PIB mondial en parité de pouvoir d'achat. Mais l'importance de certains progrès mérite d'être rappelée : le taux d'analphabétisme dans la population adulte y est passé de 76 % en 1950 à 30 % en 1995. Les prochaines décennies verront le déclassement des vieilles nations industrielles (dont la France) au profit de nouvelles puissances tirant en partie leur force de leur dynamisme démographique (Chine, Inde, Indonésie, Brésil, etc.).

Il faut donc *se garder de verser dans un déterminisme démographique en attribuant les échecs du développement à une croissance démographique débridée : l'analyse des stratégies de développement montre que ces échecs résultent, avant tout, d'erreurs ou d'insuffisances politiques. La situation de l'Afrique noire en particulier pose problème* dans la mesure où, contrairement aux prévisions courantes des années 1960, un grand retard a été pris tant sur le plan agricole que sur le plan industriel, par rapport à la plupart des pays asiatiques.

III. – Les interprétations possibles

Depuis Malthus, toute croissance rapide de la population est perçue comme un danger. Mais l'histoire a vite démenti les sombres pronostics de Malthus ; la théorie de Malthus ne semble guère applicable qu'à des sociétés agraires traditionnelles mal gérées. À sa base, en effet, on trouve une triple erreur sur la marche de l'histoire : la méconnaissance du progrès technique et de son incidence sur la productivité ; l'idée de croissance indéfinie de la population ; l'inexactitude du diagnostic sur les mécanismes de la croissance démographique moderne. Examinons de plus près le dernier point. La croissance démographique est considérée comme le fruit d'une fécondité excessive, liée à une irresponsabilité coupable. Or, voilà plus de deux siècles qu'en Europe (et près d'un siècle hors d'Europe) elle se fonde sur une autre logique : elle résulte de l'abaissement de la mortalité. Très brutale dans les pays pauvres, la baisse de la mortalité a été décrite comme le résultat du transfert des techniques médicales occidentales dans des économies attardées, mais les choses ne sont pas aussi simples. L'existence d'une basse mortalité – ou, si l'on préfère, d'une forte croissance démographique – est incompatible avec le maintien d'une grande misère économique (absence d'infrastructure, sous-nutrition, analphabétisme général). Une croissance démographique rapide est donc le signe d'une certaine efficacité économique. La victoire sur les fléaux du passé fait reculer le fatalisme millénaire. La marée démographique, à son tour, renverse des institutions conçues pour un univers stationnaire. N'est-ce pas là un ferment d'innovation ? Qui accepte d'investir sans avoir la sécurité du lendemain ? Quelle famille s'engage à consentir les efforts nécessaires pour donner à ses enfants une formation adéquate sans être assurée qu'ils ont une chance raisonnable de survie ? Le transfert des techniques antimortelles est toutefois plus aisé, moins coûteux que celui des techniques productives, d'où d'importants risques économiques.

Il reste que les charges de la croissance démographique sont très lourdes tant pour les familles que pour les collectivités publiques. Si la baisse de la fécondité tarde à venir, l'investissement peut se trouver limité en deçà des besoins nécessaires à l'augmentation du niveau de vie. La réduction de la fécondité devient alors un préalable à l'accumulation intensive de capital. C'est, du reste, dans cette optique qu'ont été conçues les politiques de population dans les pays asiatiques où elles ont le mieux réussi.

La densification et ses bienfaits. – Si les inconvénients d'une croissance de population excessive sont importants, notamment dans une période de récession économique et de changement technique rapide, à long terme, l'augmentation de la densité a, en contrepartie, plusieurs avantages économiques qui ne doivent pas être sous-estimés :

a) elle *incite à une intensification des techniques productives.* Les avantages séculaires de rendement des agricultures hollandaise et japonaise sont, à cet égard, éclairants. Plus généralement, les travaux d'E. Boserup ont fourni une brillante illustration, fondée sur l'histoire comparée des rendements agricoles des divers continents. Le retard agricole de l'Afrique en matière d'irrigation et de mécanisation n'est sans doute pas étranger à l'insuffisance de peuplement ;

b) elle *rentabilise les projets d'investissement,* qu'il s'agisse d'infrastructure (routes, autoroutes, aéroports, réseaux de télécommunications, etc.) ou d'installations industrielles et commerciales. Plus le marché est grand, plus les coûts d'amortissement peuvent être absorbés rapidement. De nombreuses opérations ne sont réalisables que si certains seuils critiques de densité sont franchis. L'accentuation de la concurrence internationale et aussi la hausse du coût du matériel de certaines industries de pointe (armement, aérospatiale, par exemple) renforcent la pertinence de l'argument, car elles limitent le droit à l'erreur ;

c) elle *accroît la valeur du capital foncier et immobilier.* La valorisation des terrains urbains et la hausse des prix immobiliers sont liées à une concurrence accrue pour l'espace. D'immenses fortunes peuvent ainsi surgir, sans effort, créant ainsi une base d'accumulation primitive indispensable au démarrage économique. Et enfin, elle favorise l'urbanisation, donc les échanges, l'innovation et l'ouverture sur le monde.

Par ailleurs, une population croissante se prête mieux à la *division du travail* et à la production en grande série, et elle est plus apte à supporter les frais généraux de la nation.

IV. – Vieillissement démographique et finances publiques

Dans toutes les populations connues, le nombre de jeunes est supérieur à celui des vieux. Pour la première fois dans l'histoire, cette observation est en passe de se trouver infirmée. Si des tendances actuelles de la fécondité persistent, dans plusieurs régions d'Europe et dans toutes les zones à basse fécondité, le nombre de personnes âgées l'emportera nettement sur le nombre de jeunes, au point de devenir double d'ici trois à quatre décennies seulement, dans certains cas extrêmes. La pyramide des âges sera inversée.

Ce vieillissement de la population prendra place dans un contexte de stagnation, voire de diminution de la population, ce qui n'était aucunement le cas dans le passé. En même temps, les tendances récentes laissent penser que les structures familiales continueront à enregistrer de profondes transformations (hausse de la fréquence des ménages solitaires, ou unipersonnels ou sans enfant, et des familles monoparentales). Il apparaîtra donc délicat d'isoler les effets du vieillissement en tant que tel. Si les conséquences financières sont le plus étudiées, en particulier en matière de retraites, il y a tout lieu de penser que l'incidence sera plus large et que le fonctionnement d'ensemble de l'économie et de la société sera affecté par cette mutation démographique.

La pression sur les dépenses publiques. – Les régimes de retraite ont connu un grand essor depuis la guerre ; dans des populations comme la France, l'Italie ou l'Allemagne, la part du PIB affectée aux dépenses de retraite est, en 2005, de 13 à 15 % et la charge des retraites est appelée à croître fortement dans les prochaines décennies. Ainsi, d'après certains travaux, en Allemagne, à législation et à comportement de départ à la retraite inchangés, dans cinquante ans, le nombre de retraités pourrait dépasser celui des actifs et les dépenses de la vieillesse être multipliées en volume par 5 ou 6. Ajoutons que la participation croissante des femmes à l'activité économique contribue, dans un premier temps, à alimenter la masse de cotisations, mais qu'elle se traduit, à terme, par un alourdissement de la charge. Pour la France, de même, il a été calculé que, toutes choses égales d'ailleurs, à l'horizon 2035, le vieillissement de la population devrait entraîner soit une majoration de 80 % du taux de cotisation, soit une amputation de près de moitié (45 %) du niveau des retraites, soit un relèvement de neuf ans de l'âge de départ en retraite[1]. On peut penser que les politiques adoptées consisteront en un subtil dosage des mesures évoquées.

En matière de coûts de santé, des arbitrages délicats devront sans doute être menés car les dépenses de santé deviennent le premier poste de consommation des ménages. L'effet de la montée du nombre de personnes très âgées, qui prend l'allure d'une véritable explosion (dans nombre de cas, l'effectif des « plus de 80 ans » sera multiplié par 100 au cours de la transition démographique !), devrait être d'autant plus sensible qu'il s'ajoutera à d'autres facteurs d'explosion des coûts : le changement de la structure sociale et des modes de vie, l'évolution des seuils de tolérance à la douleur,

---

1. G. Malabouche, « L'évolution à long terme du système de retraite : une nouvelle méthode de projection », in *Population*, n° 1, 1987, p. 9-38.

l'augmentation de l'offre de soins, le progrès des techniques médicales, l'éclatement des ménages.

Si la montée des coûts paraît inéluctable, la question est de savoir dans quelle mesure le financement pourra être assuré, autrement dit comment pourra évoluer l'assiette des prélèvements. Quelle sera en particulier l'évolution de la productivité ? Dans des économies qui, du fait de l'internationalisation des marchés et de la rétraction relative de leur marché interne, devront se tourner de plus en plus vers l'exportation, le maintien d'une basse fécondité peut, à moyen terme, constituer un avantage économique en facilitant, au bout d'une vingtaine d'années, une baisse du chômage et, à plus long terme, en poussant à une stratégie d'automatisation et d'investissement massif en capital pour faire face à la montée du coût du travail et au risque de pénurie chronique de main-d'œuvre jeune. En ce sens, elle peut être utilisée comme un atout, mais tout est affaire de degré et de durée car, en cas de sous-fécondité profonde et prolongée, on peut en effet se demander si la compétitivité structurelle ne risque pas d'être touchée dans ses fondements mêmes, par raréfaction de la main-d'œuvre jeune et mobile, renchérissement des coûts de main-d'œuvre et glissement progressif du corps social vers le conservatisme et la peur de l'innovation. L'argument mérite d'autant plus d'attention que le déclassement des vieilles nations européennes a d'ores et déjà été très net lors des deux dernières décennies[1]. Depuis 1984, les échanges transatlantiques sont dépassés par les échanges transpacifiques et le basculement se confirme d'année en année. Le bien-être des générations futures devrait donc être affecté par cette dérive démographique. De nouvelles

---

1. J.-C. Chesnais, *La Revanche du tiers-monde*, Paris, Laffont, 1987.

nations à transition démographique plus tardive, à coût de main-d'œuvre plus bas et à agressivité commerciale plus grande, surgiront tour à tour (cas des pays émergents d'Asie : Chine, Inde, Indonésie, Corée du Sud, etc.).

V. – Cycle de vie, reproduction et production

Le changement démographique n'affecte pas seulement l'aspect du monde ; il bouleverse la vie quotidienne des individus. La vie de nos aïeules était, en effet, toute autre que celle de nos contemporaines.

Dans les sociétés anciennes, le simple remplacement des générations exigeait une mobilisation physiologique intense du corps des femmes puisque les femmes mariées devaient avoir au moins huit grossesses, en moyenne : la mortalité précoce, le célibat, le veuvage et la stérilité impliquaient une forte fécondité. Ainsi quand elle avait eu la chance de survivre jusque-là, une femme se mariait, en moyenne, à l'âge de 18 ans. Il lui restait alors trente-cinq ans à vivre. Elle mettait au monde 6 enfants et quand naissait le dernier elle avait 40 ans. Au total, elle passait six années de sa vie à allaiter et la durée de vie passée en état de grossesse ou d'allaitement était de treize à quatorze ans. Seule une petite minorité de mariages n'était pas rompue par la mort de l'un ou l'autre conjoint. Le pourcentage de mariages subsistants quand la femme avait 50 ans était de l'ordre de 50 % seulement (au lieu de 90 % aujourd'hui, mais le divorce est devenu le principal facteur de rupture). De nos jours, le nombre des naissances nécessaire au remplacement des générations n'est plus, dans les sociétés avancées, que de 2,1 en moyenne par femme ; la femme se marie autour de 25 ans et son espérance de vie est alors proche de soixante ans ; le nombre d'enfants n'est plus, en moyenne, que de 2, parfois moins (Europe centrale et méridionale), mais ces enfants ne sont pas forcément issus d'une seule union, car le divorce (ou la rupture) est fréquent(e). La durée totale de grossesse et d'allaitement est de deux ans à peine. Ainsi, la mobilisation physiologique du corps féminin en vue de la fonction reproductrice n'occupe plus qu'un trentième de la vie matrimoniale, au lieu de deux cinquièmes dans les sociétés traditionnelles, d'où un bouleversement des rôles féminins. « À l'époque traditionnelle, la mort était au centre de la vie comme le cimetière était au centre du village » a pu écrire Jean Fourastié[1].

VI. – La gestion prévisionnelle des emplois

Avec la multiplication des grandes entreprises et la constitution de grandes administrations hiérarchisées comprenant différents corps de personnel dont le recrutement, la rémunération et la promotion dépendent de l'âge (ou de l'ancienneté), les dernières décennies ont fait de la démographie une des composantes essentielles de la gestion prévisionnelle des carrières professionnelles.

Peu nombreuses sont encore les entreprises ou les administrations qui suivent de près l'équilibre de la pyramide des âges de leurs salariés. Or cet équilibre est très important pour garantir le bon déroulement des carrières de leur personnel, donc la qualité de leur climat social et finalement le développement de leur capacité de production.

Certains secteurs comme la banque, l'enseignement, la santé ou la recherche ont connu des anomalies de

---

1. J. Fourastié, « De la vie traditionnelle à la vie tertiaire », in *Population*, n° 3, 1959.

recrutement qui ont causé une grave déformation de la répartition par âge de leur personnel. Cette situation est défavorable aussi bien à l'ensemble des secteurs concernés (menace de sclérose) qu'aux individus eux-mêmes (réduction des chances de promotion). D'où la nécessité de corriger la répartition par âge en incitant financièrement au départ (tout en s'efforçant de retenir les meilleurs éléments) parmi les générations à sureffectif et en recrutant parmi les générations les plus jeunes fortement déficitaires, de façon à assurer l'arrivée de sang neuf et à débloquer les mécanismes de promotion des aînés.

Le même raisonnement vaut pour les firmes multinationales dont la bonne gestion du personnel, à l'échelle de la planète, est une des clés pour faire face à la concurrence. Ici interviennent les avantages démographiques comparatifs des pays fournisseurs de main-d'œuvre ou consommateurs de produits et services.

Chapitre VII

LES PERSPECTIVES
DÉMOGRAPHIQUES

Parmi les divers domaines de la prospective (prévision économique, prospective sociale, prospective technologique, prévision politique, etc.), la démographie est celle qui résiste le mieux à l'épreuve des faits. L'analyse rétrospective des exercices de prévision montre, en effet, que si l'on excepte les périodes qui précèdent de grands retournements historiques (baby-boom, baby-krach), la qualité des prévisions est très robuste. Le résultat mérite d'autant plus d'être souligné que, à la différence de ses collègues des autres sciences sociales, le démographe est le seul à se hasarder au-delà de l'horizon commun, celui des toutes prochaines années, et à explorer le futur sur plusieurs décennies. Bien plus, si l'on décompose ses calculs en deux parties, la première portant sur la population déjà née au point de départ de la projection et la seconde sur la population née depuis, on constate que pour la première – dont l'avenir ne dépend essentiellement que des hypothèses de mortalité retenues et accessoirement des échanges migratoires avec l'étranger – l'erreur est le plus souvent relativement faible.

Ce fait tient plus aux propriétés du domaine exploré qu'à la sûreté des méthodes ou à l'exactitude des hypothèses choisies. Toute population à une date donnée n'est que la superposition d'une centaine de générations : en dehors des naissances, dont le nombre dépend de comportements délicats à anticiper, elle n'évolue donc guère que sous l'effet de l'érosion due à la mortalité[1]. C'est précisément cette combinaison entre le caractère inaltérable de la répartition des générations par ancienneté (plus de quatre-vingts ans après, par exemple, l'empreinte de la Première Guerre mondiale reste encore gravée sur la pyramide des âges des pays européens) et les lois biosociologiques relatives aux comportements vitaux (fécondité, mortalité) selon l'âge, décrites au chapitre III, qui est à l'origine de la lenteur des changements et donc de la meilleure prévisibilité de l'avenir démographique.

I. – L'inertie démographique

À la différence des données économiques (indices des prix, taux de chômage, balance commerciale, taux d'intérêt, de change, etc.) ou politiques (opinion publique, composition des gouvernements ou des assemblées représentatives), par exemple, le rythme d'évolution d'une population ne peut changer que lentement, il est doté d'une grande inertie, liée à l'empreinte de la fécondité passée sur la pyramide des âges. À une date donnée, une population donnée est ainsi dotée d'un potentiel de croissance ou de décroissance plus ou moins fort, selon l'allure de sa composition par âge. Pour prendre un exemple théorique, supposons que la fécondité devienne instantanément égale au niveau de remplacement des générations, autrement dit, au niveau qui, à long terme, engendre une population stationnaire. Selon que la population est jeune ou vieille, elle va continuer à croître ou décroître pendant une période plus ou moins longue, avant de converger

---

1. Sauf scénario de fortes migrations internationales, comme en Allemagne depuis 1987.

peu à peu vers la croissance nulle : si les générations en âge de fécondité sont nombreuses, la natalité est relativement élevée ; inversement, si la population âgée est abondante, la fréquence des décès est forte. La pyramide des âges incorpore ainsi un effet d'inertie, lié aux évolutions passées. Cet élan démographique peut se mesurer en rapportant deux grandeurs : au numérateur, la population stationnaire ultime, celle qu'on obtiendrait après le retour – supposé immédiat – de la fécondité à la valeur de remplacement (population d'arrivée) ; au dénominateur, la population actuelle (population de départ). Les migrations externes sont supposées nulles.

Dans un pays comme le Kenya, par exemple, la fécondité était, vers 1985, trois fois supérieure au seuil de remplacement. Même si celle-ci tombait du jour au lendemain à ce niveau, la population continuerait à augmenter pendant encore plus d'un demi-siècle : la pyramide des âges est très large à la base, d'où beaucoup de futurs parents potentiels, donc de naissances à venir et étroite au sommet, donc, pour les prochaines décennies, peu de personnes âgées et dès lors un taux de mortalité faible. À terme, la population du Kenya aurait fait ainsi plus que doubler par le seul effet de sa composition par âge. Des tendances similaires valent vers 2005, pour des pays comme le Niger ou le Yémen. Inversement, au Japon, le potentiel de décroissance atteint déjà 20 %.

La France actuelle offre une illustration moins forte, quoique nette, de cette inertie. Bien que la fécondité y soit, depuis 1974, inférieure de 15 % environ au niveau nécessaire pour garantir le remplacement des générations, l'accroissement naturel demeure positif. L'horizon de la croissance zéro est éloigné par la présence des 28 classes pleines 1946-1973, dont l'effectif moyen correspond à 850 000 naissances : ces générations parcourent les âges de forte fécondité et de faible mortalité jusque vers 2000-2005. Le pays n'échappe cependant pas au ralentissement démographique puisque le taux d'accroissement annuel moyen est passé de 1 % dans les années 1960 à 0,4 % vers 2005.

À l'inverse, dans la plupart des pays d'Europe de l'Ouest, compte tenu de l'existence, depuis les années 1970, d'un régime de fécondité très basse, un important potentiel de décroissance est en train de se creuser. Si les comportements actuels se maintiennent, pour la première fois dans l'histoire, l'élan démographique deviendra inférieur à l'unité : c'est déjà le cas de l'Allemagne et de l'Italie. Même en cas de relèvement de la fécondité au niveau d'équilibre, les populations, privées de leur jeunesse, seront appelées à perdre une grosse partie de leurs effectifs.

Bien entendu, un passage sans délai au niveau de remplacement, que ce soit par chute dans le cas des pays peu développés ou par reprise dans le cas des pays riches, relève de l'utopie. Dans les pays en développement où elle est encore élevée (Afrique tropicale, péninsule arabique) avec des indices supérieurs à 5 enfants en moyenne par femme, la fécondité demandera plusieurs décennies avant de descendre jusqu'au seuil de remplacement (sans devoir d'ailleurs nécessairement se stabiliser à cette hauteur). Inversement, dans le monde riche, la fécondité ne pourrait – à supposer que ce soit le cas – remonter qu'après un certain délai à ce seuil. Autrement dit, le potentiel de croissance des populations jeunes du tiers-monde est très supérieur à l'élan tel qu'il est calculé. Symétriquement, le potentiel de décroissance des pays occidentaux est plus grand que ne le laisse apparaître ce coefficient. D'où un contraste qui apparaît sans précédent. Si les migrations internationales sont susceptibles de contribuer à atténuer ce déséquilibre, leur effet correcteur sur la pyramide des âges est minime (il faudrait que l'immigration ne concerne que des enfants sans leurs parents) ; sur le volume de population et le rythme de croissance correspondant, l'incidence pourrait, en revanche, être très sensible, en limitant, voire en empêchant toute décroissance.

Les projections de population servent le plus souvent à des fins de planification (construction d'écoles, d'hôpitaux, installation d'infrastructures, calcul des budgets et des subventions, attribution du nombre de sièges pour les assemblées représentatives, etc.). Elles ont, par ailleurs, le mérite d'éclairer l'action en montrant les conséquences qui seraient attachées à la réalisation de tel ou tel scénario. Au-delà de leur vertu pédagogique, elles sont donc un instrument d'aide à la décision politique.

II. – Le principe des projections de population

Les premières projections de population ne portaient que sur la population totale. Elles consistaient à appliquer une loi mathématique simple de croissance continue à la population de départ. De Vauban à Malthus, en passant par Euler, il s'agit d'une progression géométrique (dont la raison est fixée en fonction d'observations portant sur l'accroissement observé entre dénombrements successifs). Ce n'est qu'avec Quételet, et son disciple Verhulst que l'hypothèse d'une loi de croissance logistique fut appliquée ; le schéma est le suivant : l'expansion démographique se poursuit d'abord de manière géométrique, puis le taux d'accroissement s'infléchit pour diminuer proportionnellement à l'effectif atteint par la population.

Ces premières évaluations ne tiennent pas compte du facteur le plus important : la structure par âge de la population. C'est le fondement de ce qu'on appelle la « méthode des composants ». La population future est ainsi fournie non seulement dans son volume, mais aussi dans sa répartition par sexe et âge ; cette méthode est aujourd'hui utilisée pour toutes les projections démographiques.

La première étape de la projection est l'établissement de la population initiale selon le sexe et l'âge. Cette population initiale doit présenter les plus fortes garanties de fiabilité : il s'agit donc le plus souvent de la population au 1er janvier le plus proche du dernier recensement (la date du 1er janvier permet de faire coïncider les générations et les âges en années révolues). La projection se déroule ensuite en deux temps. Le premier consiste à raisonner sur la population déjà née et le second sur la population à naître. Sur la base d'hypothèses de mortalité obtenues par extrapolation raisonnée des tendances passées, on détermine ainsi, pour chaque sexe, le nombre des survivants parmi les vivants des différentes générations en début de période ; le calcul est mené par étapes successives à différents horizons temporels (1 an, 2 ans..., 5 ans..., 10 ans..., 50 ans). Dans un second temps, on procède, à partir d'hypothèses de fécondité fixées (diverses variantes, choisies par référence à des cas de figure analogues, sont généralement retenues), à l'évaluation des naissances survenant durant la période de projection. Ces naissances sont ensuite réparties par sexe (selon la loi de masculinité) et soumises à leurs propres lois de survie. Dans une étape ultime, on introduit les éventuels mouvements migratoires avec l'étranger.

III. – **Résultat des perspectives par continent**

Voici, d'après les Nations Unies, l'évolution passée et attendue de la population du monde développé et du monde en développement (variante moyenne, en millions).

	1950	2005	2050
Monde	2 519	6 454	8 919
Pays développés [1]	814	1 209	1 220
dont :			
Europe [2]	548	725	632
Pays en développement	1 706	5 245	7 699
dont :			
Afrique	221	888	1 803
Amérique latine	167	558	768
Asie	1 399	3 918	5 222

[1] Amérique du Nord, Japon, Europe, Australie, Nouvelle-Zélande.
[2] Dont républiques européennes de l'ex-URSS.

Source : Nations Unies : *World Population Prospects: The 2002 Revision*, New York, 2003.

La population du monde devrait franchir le cap des 8 milliards vers 2025-2030. Compte tenu du parcours déjà décrit par un nombre croissant de pays développés et moins développés et aussi de la rapidité des progrès techniques et de leur diffusion en matière de maîtrise de la procréation, la possibilité d'une stabilisation à long terme autour de 8 à 10 milliards vers le milieu du prochain siècle est régulièrement envisagée dans les calculs à horizon long. Il n'est d'ailleurs aucunement impossible qu'une fois franchi ce cap, la population du monde se mette à décroître, à l'instar de ce que l'on observe aujourd'hui dans certains pays avancés. Il s'agit cependant d'une perspective lointaine et globale qui ne doit pas faire oublier les décalages existants entre pays et continents.

Face aux populations vouées au déclin des pays de l'OCDE, les peuples du tiers-monde au cours des prochaines décennies vont compter toujours davantage par le poids du nombre et donc, à terme, par le poids politique. Le tiers-monde ne constitue certes pas un bloc homogène et le développement des économies y restera très inégal. Mais l'évolution démographique ne pourra pas être sans conséquence. Les effets conjugués de la croissance des populations et de la croissance économique, chacune réagissant sur l'autre, sont de nature à provoquer une redistribution de la puissance économique : à terme plus ou moins long, des changements, peut-être de vaste ampleur, sont à prévoir dans la hiérarchie des économies à l'échelle mondiale. On l'a déjà vu, dans un passé récent, avec l'expansion de l'économie japonaise, puis celle des nouveaux pays industriels d'Asie ou d'Amérique latine, comme le Brésil.

L'Afrique est le continent doté du plus fort potentiel d'accroissement démographique. La propagation de l'épidémie de sida ne devrait affecter cette donnée qu'à la marge, sauf si aucune découverte ou thérapie n'intervenait, à moyen terme, dans les pays les plus touchés par l'épidémie (Afrique du Sud, Botswana, Kenya, etc.) ; d'ici l'an 2025, l'augmentation prévue de la population pourrait toutefois y être réduite de moitié, mais en dépit de ses effets dévastateurs, elle ne pourrait empêcher un doublement, au minimum, des effectifs. D'ici un siècle, l'Afrique pourrait être aussi peuplée que l'Asie des années 1960. Cette poussée de la population africaine sera à l'origine de bouleversements d'autant plus importants que la fécondité tardera à baisser. Elle comporte d'énormes risques sociaux et politiques, que ce soit en matière d'emploi, de manque d'eau, de développement urbain, d'équilibre alimentaire, de stabilité politique, de besoins énergétiques ou de relations internationales (tensions ethniques, émeutes urbaines, menaces de débordement de frontières). En contrepartie, les pays développés devront peu à peu renoncer à leurs privilèges. Mais, en même temps, pour les sociétés concernées, l'exubérance démographique est porteuse d'espoir et de changement. L'histoire n'a-t-elle pas régulièrement démontré que, de par leur capacité technique, les sociétés contemporaines, à condition d'être bien dirigées, ont des possibilités d'adaptation très supérieures à celles des sociétés passées ? Là où certaines conditions élémentaires sont réunies (densité minimale, institutions favorables au développement, ouverture internationale, population suffisamment bien formée), les chances de rattrapage sont très grandes.

Les décalages créés par le déroulement de la transition démographique vont également modifier la carte des religions et le poids des courants spirituels dans le monde.

Partagé par près d'un tiers de l'humanité en 1980, l'héritage de la tradition judéo-chrétienne ne devrait plus l'être que par un cinquième à la fin du XXIe siècle ; forte dans le monde occidental, la régression du peuplement chrétien est freinée par la vitalité démographique de l'Amérique latine. Le contraste avec l'Islam est criant : avec un quadruplement de la population de ses zones d'influence, la voie musulmane devrait devenir rapidement prépondérante. La tradition islamique pourrait ainsi, à terme, toucher environ 2,5 milliards d'êtres humains.

IV. – Le devenir
des sociétés posttransitionnelles

La France est le premier pays du monde à avoir connu la baisse moderne de la fécondité. Si l'on considère le comportement réel des générations au long de leur existence, compte tenu de la mortalité qu'elles ont subie et de la fécondité qu'elles ont eue au travers des diverses époques qu'elles ont traversées, on constate que, parmi les générations féminines nées depuis l'époque napoléonienne, seules les générations nées pendant l'entre-deux-guerres, qui ont vécu les « Trente Glorieuses » et participé au baby-boom, ont eu un nombre d'enfants suffisant pour assurer le remplacement numérique des générations. Le taux de fécondité le plus bas est celui des générations nées à la fin du XIXᵉ siècle ; le taux net de reproduction des générations féminines 1891-1900, perturbées par le choc de la Première Guerre mondiale, est 0,68 seulement. Seuls l'élan initial de la pyramide des âges, l'allongement de la durée de vie et l'immigration étrangère ont permis à la population française d'éviter une forte décroissance. Le cas français n'est désormais plus isolé car si l'on excepte la parenthèse de l'après-guerre, on constate que la sous-fécondité est un trait durable des sociétés industrielles avancées de l'Occident. Depuis les années 1970, que ce soit en Europe, en Amérique du Nord (États-Unis exceptés) ou, plus récemment, en Asie de l'Est, le phénomène se généralise avant de s'étendre à d'autres régions du monde.

Dans les pays les plus prospères, la fécondité s'installe, en effet, à des niveaux inconnus jusqu'alors. Elle est tombée bien en deçà de ce qui était envisagé couramment dans les scénarios les plus audacieux. L'ampleur, la durée et la rapidité de la diffusion géographique de la crise de la fécondité laissent même penser que le comportement français au XIXe siècle a été précurseur et qu'il faut désormais voir le retour à l'équilibre comme une utopie qui n'a de chance de se réaliser qu'à la faveur d'un concours de circonstances exceptionnelles, comme à la suite du choc provoqué par la Grande Dépression et la Seconde Guerre mondiale. C'est donc cette *référence au régime de sous-fécondité permanente* qu'il faut avoir à l'esprit pour l'avenir. Ajoutons, de même, que l'allongement de la durée de vie est allé au-delà de ce qui était le plus souvent envisagé. La combinaison du maintien d'une sous-fécondité plus ou moins profonde et d'un recul de la mortalité aux âges mûrs ou avancés se traduit par une *accélération du vieillissement* d'autant plus accusée que les taux d'immigration nette, à destination de l'UE notamment, restent faibles en comparaison de ceux observés aux États-Unis.

Certes, en longue période – l'histoire française l'a bien montré –, il n'est pas réaliste d'imaginer comme la plupart des travaux de prospective courante continuent à le faire, que l'immigration demeurera nulle ou négligeable. Dans un monde où l'internationalisation est de plus en plus affirmée, il y a incompatibilité entre le creusement du déficit de main-d'œuvre jeune et l'absence d'immigration ; l'argument a d'autant plus de force que la pression migratoire en provenance des pays du sud de la Méditerranée ira croissant lors des prochaines décennies. Toutefois, l'immigration ne peut agir qu'à la marge sur la progression du vieillissement.

Il faut donc prendre toute la mesure du défi à venir, sans pour autant tomber dans certains écueils, comme celui de l'optimisme chronique ou du catastrophisme démotivant. Entre ces deux positions extrêmes se situe celle du relativisme pragmatique.

L'avenir des retraites ou les marges de manœuvre. – En France, le système de retraites est régulièrement mis en cause. Sa faillite est annoncée pour un futur plus ou moins proche. Mais on parle plus volontiers de l'avenir, pourtant hypothétique, de cet édifice, que de son présent, plus aisé à cerner. Or l'analyse montre que le *système* de retraites *français est l'un des plus performants, sinon le plus performant de la planète, puisqu'il réunit plusieurs qualités a priori contradictoires : âge de la retraite précoce, forte proportion de bénéficiaires, niveau de pension élevé.* Des retraites, dans l'ensemble confortables, sont versées très tôt à une importante fraction de la population. Nous vivons la période d'âge d'or des retraites. Le niveau de vie des ménages de retraités – en particulier chez les jeunes retraités – est, en moyenne, supérieur à celui des actifs et l'écart à leur avantage n'a fait que s'accroître lors des trois décennies écoulées. La période à venir ne pourra être que moins faste que la période passée. Certes la croissance de la productivité pourrait aider à faire face à la grande échéance du vieillissement (en 2005-2035, les classes pleines nées en 1946-1973 arriveront aux âges de la retraite) ; c'est l'argument optimiste classique, qui consiste à faire appel aux progrès de productivité comme à un *deus ex machina*, mais qui laisse entière la seule question véritable : celle du partage des gains de productivité entre actifs et anciens actifs ; rien ne prouve que les premiers accepteront de voir indéfiniment diminuer leur part au détriment des seconds. Il ne faut pas pour autant en conclure que les retraites ne seront pas payées ; le scénario le plus vraisemblable est celui d'un rééquilibrage, corrigeant peu à peu les excès du passé. Il existe, en effet, plusieurs marges de manœuvre : allongement des durées de carrière nécessaire à l'obtention d'une retraite pleine (passage de la règle actuelle des 150 trimestres d'activité à 165, voire

180 trimestres ou davantage) ; calcul de la pension sur la base des rémunérations de l'ensemble de la carrière et non plus de la phase la plus favorable (comme les 25 meilleures années, voire la seule meilleure), atténuation des cumuls de pension (droit propre + droit dérivé) par individualisation des droits à la retraite, immigration de main-d'œuvre étrangère, etc.

Des migrations inévitables. – Par les vides qu'elle crée et l'affaiblissement qu'elle entraîne, la persistance de la sous-fécondité européenne, notamment au sud du continent, tend à accréditer l'hypothèse de forte migration (que l'on songe au volume des migrations illégales en Italie, en Espagne ou en Grèce). Cela pour les mêmes raisons qui ont provoqué l'émigration européenne vers d'autres régions du monde au siècle dernier. Certes, l'Europe de demain, à la différence de l'Amérique d'hier, ne serait pas un continent vide de population. Mais la pression migratoire des pays du Sud (Afrique, Proche-Orient, Asie) est très supérieure à ce qu'elle était dans l'Europe ancienne : par le rythme démographique (deux fois supérieur), par l'écart des niveaux de vie (revenus et protection sociale), par le déséquilibre politique (démocraties au nord de la Méditerranée, régimes autoritaires au sud). La distance est géographiquement plus réduite, les facilités de déplacement bien plus grandes, les réseaux de passeurs mieux organisés. Ajoutons que, face aux exigences croissantes de la main-d'œuvre autochtone et à l'impératif d'internationalisation de leurs débouchés, on peut imaginer que les chefs d'entreprise soient tentés de faire appel à des ressources extérieures moins coûteuses et plus flexibles. La seule question est de savoir comment cette mutation, inéluctable dans son principe, pourra se dérouler dans les faits, si elle se fera dans des conditions acceptables, ou qui ne soient pas trop chaotiques pour les diverses communautés en présence.

En effet, les enquêtes d'Eurobaromètre montrent que, quel que soit le pays de l'UE, un tiers de l'opinion se déclare « ouvertement raciste », un tiers « plutôt raciste » et un tiers indifférent, donc tolérant. On comprend la réticence des leaders politiques à adopter une politique d'immigration anticipatrice et audacieuse (quotas universalistes).

Chapitre VIII

LES POLITIQUES DE POPULATION

On entend par « politique de population » toute action des pouvoirs publics visant à infléchir les comportements des habitants dans une direction considérée comme souhaitable du point de vue de l'intérêt général (incarné par l'État).

I. – Légitimité de l'intervention de l'État

Après avoir été longtemps débattu – la Conférence mondiale de Bucarest (1974) marquant le point culminant des divergences idéologiques –, le principe d'une intervention de l'État en vue de réduire la fécondité là où elle est jugée trop forte fait aujourd'hui l'objet d'un consensus parmi les divers gouvernements de la planète. Le désaccord ne persiste guère que sur les moyens et sur le degré réel de priorité à accorder à l'objectif de réduction des naissances.

Entre le cas de la Chine continentale où la chute de la fécondité a été obtenue par la coercition (retard des mariages, séparation des conjoints, stérilisations et avortements forcés, système de sanctions et de récompenses, pression sociale, etc.) et celui de Hongkong ou de Taïwan où la baisse, plus nette encore, résulte, pour l'essentiel, de l'accès à la prospérité, les voies les plus diverses ont été suivies.

De façon générale, la baisse de fécondité observée depuis les années 1970 dans la plupart des pays en développement (Chine, Indonésie, Thaïlande, Corée, Malaisie, Sri Lanka, État du Kerala en Inde, Mexique, etc.) doit beaucoup aux politiques de planning familial mises en œuvre par les gouvernements. Ces politiques ont pu être interrompues par de graves troubles politiques (Révolution culturelle en Chine : 1966-1971 ; état d'urgence en Inde : 1977-1978 ; révolution iranienne : 1979 ; instabilité politique au Pakistan : 1972-1979), leur légitimité n'est cependant plus mise en cause.

Il en va tout autrement pour le cas inverse : celui des pays atteints par la dénatalité. Le caractère privé, intime, de la décision de procréation est régulièrement invoqué à l'appui d'un principe de non-ingérence de l'État. Cette position de neutralité affichée n'est le plus souvent qu'un faux-semblant car la liberté laissée aux couples d'avoir ou de ne pas avoir d'enfant pénalise, en réalité, les familles nombreuses : le coût de l'enfant (argent, espace, temps) n'est, en effet, compensé que dans une faible mesure, alors même que, à l'opposé, du fait de l'évolution des techniques de régulation des naissances et de leur prise en charge par la sécurité sociale, le coût individuel tant physique que psychologique ou financier de la renonciation à l'enfant est devenu négligeable. Il y a une asymétrie croissante entre les deux faces du choix. En fait, il n'y a pas « libre choix ».

L'intervention de l'État paraît aujourd'hui non seulement légitime, mais souhaitable, pour les raisons suivantes :

– il existe une demande latente des couples que traduit, dans un pays comme le nôtre, l'importance de l'écart séparant le nombre d'enfants souhaité pour soi-même du nombre d'enfants naissant effectivement. Parmi les grands pays de l'UE, la France est celui où le désir d'enfant reste le plus vif. Or, faute d'encouragement suffisant, la révision au fil du temps des projets familiaux ne se fait généralement que dans le sens de la baisse. Nombre de couples renoncent à agrandir la taille de leur famille. D'après les enquêtes d'Eurobaromètre, dans les pays où la fécondité est la plus basse (Italie, Espagne), cet écart est maximal (1 enfant par couple). Or ces pays sont précisément ceux où la politique familiale (congé parental, crèches, logement, déductions fiscales, allocations, etc.) est inexistante ;

– l'instauration de la sécurité sociale a créé une solidarité intergénérationnelle de fait. Or les conditions du contrat entre les générations demandent à être rediscutées car le gonflement des budgets sociaux tend à dériver massivement en faveur du troisième âge et au détriment des enfants ;

– aucun relèvement spontané d'ampleur suffisante pour assurer le retour au niveau de remplacement des générations n'a été, jusqu'à présent, constaté, pas même dans les pays où la baisse a été amorcée il y a une trentaine d'années ou davantage ;

– tout pays a, pendant quinze ou vingt ans, un intérêt économique à avoir une faible natalité car il réduit ainsi ses charges (c'est la théorie dite de la fenêtre d'« opportunité démographique »), mais à plus long terme, lorsque les générations déficitaires parviennent aux âges productifs, le bilan s'inverse, devenant de plus en plus défavorable pour la collectivité et le bien-être des générations qui suivent. En tant que garant de la pérennité de la nation, l'État se doit donc d'aménager les conditions véritables de liberté et d'équité en matière de choix familial. C'est à lui qu'il revient, en instaurant des règles moins pénalisantes pour ceux qui ont fait choix d'avoir des enfants, de faire tendre les choix individuels vers l'optimum collectif.

Enfin, les femmes sont présentes désormais massivement sur le marché du travail, tout en souhaitant devenir mères. Des mesures doivent donc être prises pour faciliter la conciliation entre vie familiale et vie professionnelle et pour responsabiliser les pères à l'égard de leurs enfants et de leur partenaire (activité domestique) et les inciter à donner davantage de leur temps.

Il importe toutefois de se demander si – et dans quelle mesure – une telle action peut être efficace. Cette efficacité est conditionnée par le contenu des politiques mises en œuvre : l'opportunité sociologique des mesures prises, l'importance du redéploiement financier (ou social) accordé, la durabilité de l'effort consenti. Les quelques rares exemples où ces conditions sont remplies (France de l'après-guerre, Sarre des années 1948-1957, RDA de 1976 à 1989, Suède depuis 1983) montrent qu'un changement durable et non négligeable mesuré par la descendance finale des couples est possible. La marge séparant la fécondité du seuil de remplacement peut ainsi se trouver singulièrement réduite, voire comblée. La hausse possible de la fécondité peut, en fonction de la conjoncture économique et de la qualité de la politique mise en place, varier entre *0,2 et 0,5 enfant* en moyenne *par femme*. Faible en apparence, cette *marge* s'avère, en réalité, décisive sur la longue durée, car c'est elle *qui peut faire toute la différence entre la certitude d'un déclin et la possibilité d'un relèvement ou, du moins, d'une compensation par une politique d'immigration maîtrisable.*

II. – Les politiques en faveur de la natalité

Le plus souvent, ces politiques ont, dans le passé (France de l'entre-deux-guerres, Allemagne et Italie de la même époque, Europe de l'Est dans les années 1960 et 1970), consisté à associer des mesures coercitives comme la répression de l'avortement, à des mesures incitatives, telles que les allocations familiales. Il semble bien que, dans les sociétés d'aujourd'hui, cette dualité nuise à l'efficacité de l'action entreprise, et ne permette pas d'atteindre au but recherché.

L'expérience des dernières décennies en Europe de l'Est et en URSS a montré l'usure rapide des politiques à fondement coercitif (restriction totale ou partielle du droit à l'avortement). L'interdiction de l'avortement se traduit par une hausse brusque mais temporaire de la courbe de fécondité, la contraception moderne n'étant pas accessible, l'avortement constitue le moyen privilégié de limitation des naissances ; dès lors que celui-ci est rendu illégal, le nombre des naissances ne peut qu'augmenter. Les effets du changement de législation sont toutefois provisoires : avec le temps, la crainte de la répression s'atténue et les circuits traditionnels d'avortement clandestin se reconstituent, sous la pression de la détresse.

Seules des incitations, mais qui soient suffisamment fortes, paraissent de nature à infléchir, au moins pour un certain temps, le processus de baisse de la fécondité. En fait, l'on ne voit guère que trois pays qui aient mené en ce sens des politiques actives, cohérentes et apparemment efficaces : la France des années 1940 et 1950, l'Allemagne de l'Est de 1976 à 1989 et la Suède depuis 1983.

La France des années 1940 et 1950. – La vigueur de la reprise de la fécondité au lendemain de la guerre a été impressionnante. Alors que, depuis 1890, cette fécondité était régulièrement inférieure au niveau de remplacement des générations, dès 1946, elle bondit à 30 % au-dessus de ce niveau et, surtout, elle se tient à cette hauteur pendant une vingtaine d'années.

Il n'est pas interdit de penser qu'un tel sursaut est dû, au moins en grande partie, à la politique qui a été mise en œuvre à la veille et au lendemain de la Seconde Guerre mondiale : Code de la famille en 1939, institution de la sécurité sociale en 1945. Entre l'avant-guerre et l'après-guerre, la position de la France dans la hiérarchie européenne de la fécondité se trouve, en effet, inversée. Jusque 1945, la fécondité française est sensiblement inférieure à la moyenne des autres pays d'Europe occidentale : depuis, elle est nettement supérieure et c'est précisément au lendemain de la guerre, lorsque la politique familiale est à son apogée (les prestations familiales représentent alors près de 45 % du budget social) que l'écart relatif est le plus marqué (environ 0,5 enfant par femme, en moyenne). On se souvient de ce que disait à l'époque Alfred Sauvy : « En Italie et en Espagne, où l'influence de l'Église catholique est considérable, la fécondité est aujourd'hui plus basse qu'en France. Les allocations familiales ont été plus efficaces que la foi. » Deux autres atouts particuliers existent en France : le système fiscal et le recours massif à l'école maternelle, très prisée des enfants et des parents.

L'Allemagne de l'Est. – La RDA est le seul pays d'Europe de l'Est où, au milieu des années 1970, l'accès à l'avortement et à la contraception moderne n'est pas l'objet de restriction, mais où a été menée une politique vigoureuse d'incitation à la natalité. Il est vrai que, jusqu'à la construction du mur de Berlin (1961), la RDA avait subi une forte émigration vers l'Allemagne de l'Ouest : émigration touchant la population active, et souvent des éléments jeunes, qui a entraîné une réelle pénurie de main-d'œuvre. La baisse de la fécondité a donc eu des effets particulièrement sensibles. La politique d'incitation à la natalité qui, pour l'essentiel, date

113

de 1976, vise à redresser, à terme, cette situation peu favorable.

Elle présente d'autant plus d'intérêt qu'elle permet une comparaison avec la République fédérale d'Allemagne, où aucune politique explicite de relèvement de la natalité n'est entreprise. Dans les quelque vingt années qui ont précédé la politique adoptée en RDA, l'on a pu constater en effet de fortes similitudes entre les deux Allemagnes : les niveaux et tendances de la fécondité y étaient à peu près les mêmes. On dispose par conséquent de conditions, rares en ce domaine, qui rendent possible une observation de caractère quasi expérimental.

Les mesures prises en RDA consistent à faciliter la vie quotidienne des jeunes parents : congé parental rémunéré avec compensation presque intégrale du salaire à partir du deuxième enfant, et jusqu'au premier anniversaire de l'enfant ; développement intensif du réseau de crèches ; politique familiale du logement (prêts aux jeunes ménages).

L'incidence de cette politique se reflète dans les comportements démographiques, comme le montre le tableau suivant.

Période	Indicateur conjoncturel de fécondité (pour 1 femme)		
	RFA	RDA	Écart RFA-RDA
1948-1954	2,09	2,14	– 0,05
1955-1964	2,38	2,40	– 0,02
1965-1969	2,43	2,35	+ 0,08
1970-1974	1,74	1,84	– 0,10
1975-1976	1,45	1,59	– 0,14
1977-1989	1,37	1,78	– 0,41

La fécondité, qui était analogue dans les deux Allemagnes (1,5) en 1975, n'a guère varié en RFA, alors qu'elle a remonté en RDA. L'écart de fécondité entre les deux pays se maintient, de 1977 à 1989, entre 0,4 et 0,5 enfant par femme. Si une légère convergence s'est produite à la fin des années 1980 (remontée en RFA, érosion en RDA), la fécondité est-allemande demeure plus élevée ; le fait mérite d'être souligné car la RDA ne bénéficie pas, à la différence de la RFA, de la contribution des étrangers à sa fécondité.

Le maintien d'un tel écart de fécondité sur une période de plus de dix ans laisse penser que l'incidence de la législation est allée au-delà des « effets de calendrier » (rattrapage de naissances différées, anticipation de naissances prévues). Dans les générations pleinement touchées par l'application de la nouvelle législation, l'écart de descendance finale pourrait atteindre 0,3 enfant, soit un relèvement d'environ 20 % par rapport à la tendance spontanée. L'écroulement de la fécondité en ex-RDA (0,8 enfant par femme en 1992 et 1993) depuis l'absorption par la RFA et la disparition des dispositifs de protection des jeunes familles souligne *a contrario* le rôle nataliste joué par la politique antérieure.

La Sarre. – L'histoire allemande offre un exemple de portée plus limitée mais également significatif. La Sarre, placée sous administration française de 1945 à 1956, a bénéficié de la politique familiale de la France, qui était alors dans sa phase la plus généreuse. Durant cette période, la Sarre avait la fécondité la plus forte de toutes les régions allemandes. Son retour à l'Allemagne, où les allocations familiales n'étaient encore qu'embryonnaires, s'est traduit par une chute rapide de la fécondité. La Sarre est passée du premier rang à l'un des derniers rangs des Länder qui constituent la RFA. Le changement de législation s'est, en effet, traduit par une perte substantielle de pouvoir d'achat pour les familles puisque, entre 1957 et 1959, un ouvrier qualifié sarrois père de deux enfants avait perdu 15 % de son revenu net mensuel.

La Suède. – La Suède a réussi cette gageure d'avoir, au sein du monde occidental, donné la meilleure place aux femmes dans la vie politique et professionnelle, et, en même temps d'avoir désormais l'un des niveaux de fécondité le moins bas. Ainsi, loin de s'opposer, féminisme et natalisme se conjuguent, car ils reposent sur les mêmes fondements : la volonté d'aider les individus à réaliser leurs aspirations personnelles ; or, dans les sociétés avancées, les femmes veulent toutes, ou presque (environ 90 %), à la fois être mères et être, par leur travail, financièrement autonomes et socialement reconnues. Une telle exigence n'est remplie que dans des sociétés non machistes, où le coût de l'enfant est mieux réparti entre le père et la mère, entre les parents et la collectivité. Inversement, là où la naissance pénalise massivement et exclusivement les mères, en termes de temps, d'argent et d'effort, les enfants se font plus rares ; c'est le cas, notamment, à la fois en Europe méridionale et orientale et au Japon.

La Suède est le seul pays avancé où la fécondité a augmenté sensiblement au cours des années 1980-2004, où la descendance finale des générations d'après-guerre n'a pas connu d'effondrement, demeurant autour de deux enfants en moyenne par femme. Pour la première fois, depuis 1945, la fécondité suédoise était vers 1990 supérieure à la fécondité française. Le fait est vraisemblablement à lier à la politique sociale d'avant-garde menée par les autorités suédoises. D'importantes mesures ont été prises pour égaliser la condition des sexes et alléger les contraintes liées à la charge d'enfants : création d'une allocation parentale d'éducation de longue durée (plus d'un an), suffisamment rémunérée (75 % du salaire) et versée dès le premier enfant, majoration des prestations familiales (le montant des allocations familiales pour une famille de deux enfants est à peu près double de ce qu'il est en France et la progressivité du barème a été renforcée pour le troisième enfant), lancement d'un programme à long terme de construction de crèches à coût de fonctionnement non prohibitif, par les collectivités locales... Sans doute faut-il aussi mettre en avant le relatif succès de la politique d'emploi suédoise. Néanmoins, le pragmatisme de la politique familiale suédoise orientée prioritairement sur la conciliation entre vie professionnelle et vie familiale a certainement contribué au relèvement de la fécondité depuis 1983. Voici l'évolution de l'indicateur conjoncturel de fécondité (en nombre moyen d'enfant par femme) depuis 1975 :

1975-1982	1,66	1988	1,96	1994	1,89	2000	1,55
1983	1,61	1989	2,02	1995	1,74	2001	1,57
1984	1,65	1990	2,14	1996	1,61	2002	1,65
1985	1,73	1991	2,11	1997	1,53	2003	1,54
1986	1,79	1992	2,09	1998	1,51	2004	1,76
1987	1,84	1993	2,00	1999	1,50		

Si la synchronie n'est pas parfaite entre la reprise de la natalité et la revalorisation des allocations familiales ou l'allongement du congé parental rémunéré, il reste que la Suède est le pays de l'OCDE où la *revalorisation des allocations familiales* a été, de loin, la plus forte au cours de la période 1984-1988 (+ 24 %), marquée précisément par la reprise.

La politique d'austérité budgétaire entamée en 1992 s'est traduite par une récession économique, une explosion du chômage (en particulier parmi les jeunes) et une amputation des allocations familiales ; cette conjoncture explique pour une large part (l'épuisement de l'effet des mesures incitant au rapprochement des naissances a également joué un rôle) le repli récent de la fécondité. Il n'en reste pas moins que le budget alloué aux jeunes familles représente, en 2000, un sixième du total du budget social, au lieu de 3 % et 2 % en Italie et en Espagne, où la fécondité est la plus basse du monde (1,2 enfant par femme en 2004). Comment comprendre un tel paradoxe sans faire appel à la politique familiale ? Ajoutons que le thème de l'égalité entre les sexes est un enjeu central de la vie politique et des campagnes électorales en Suède.

De son côté, la politique familiale de la France a cessé d'être l'exemple qu'elle fut de l'époque du Front populaire à la IVe République. Elle occupe désormais en termes financiers un rang moyen dans la hiérarchie internationale, derrière les pays nordiques et même le Royaume-Uni (où la fécondité est, corrélativement, similaire, et tirée par l'effort de logement social). Le dispositif d'écoles maternelles, nous l'avons vu, est son atout principal.

Les conflits de priorité. – On objecte régulièrement qu'une telle politique sociale est coûteuse et qu'elle est en conflit direct avec un autre objectif tout aussi fondamental : la promotion de la femme. Les deux arguments sont recevables et ils soulignent à *quel point toute politique nataliste doit être hardie et résolument novatrice*. Il n'est pas sûr cependant que le coût de cette politique soit supérieur à celui du vieillissement démographique. Comme les résultats ne sont guère tangibles électoralement et ne portent de fruits que sur la longue durée, peu de gouvernements sont prêts à payer le prix nécessaire : l'enjeu est pourtant la survie de la collectivité dont ils sont responsables. C'est seulement là où existent une grande homogénéité de peuplement et une forte conscience identitaire que la préoccupation démographique émerge au premier plan (Québec, pays baltes, par exemple).

Dès lors que la fécondité s'installe à un niveau très inférieur au seuil de remplacement des générations (cas des pays de l'UE), l'immigration ne peut être considérée comme une alternative à une politique de relèvement de la fécondité. L'expérience montre, en effet, que les immigrants tendent à adopter assez rapidement le comportement démographique des autochtones. Il est donc illusoire de compter sur l'immigration pour résoudre la question démographique. Sauf à être massive, continue et culturellement très distante (donc dangereuse pour la cohésion sociale et l'équilibre politique), l'immigration ne peut aucunement empêcher le vieillissement et le déclin démographiques, elle ne peut qu'en repousser les échéances.

III. – Le couplage politique nataliste-politique migratoire

Les tendances récentes de l'évolution démographique sont, pour l'Europe et les pays les plus avancés du monde, annonciatrices de vieillissement et de déclin démographiques. Cette mutation est liée, pour une bonne part, au choc de la récession économique entamée en 1973 et dont le poids a été supporté, pour l'essentiel, par les jeunes générations. Pareille conjoncture a été peu propice au relèvement de la fécondité – pourtant bruyamment annoncé par certains augures (Easterlin, notamment) – et à une poursuite des courants d'immigration.

Une embellie économique, voire le retour progressif au plein-emploi, sont susceptibles de restaurer un climat de confiance et, dès lors, un tournant favorable au redressement démographique. Il paraît peu probable cependant que la fécondité revienne au niveau de remplacement des générations, notamment là où elle est très basse (Europe du Sud, Europe du Centre et de l'Est, Russie, Asie de l'Est, etc.), tant sont nombreux les facteurs structurels s'opposant à une telle reprise ; en dépit de l'importance de la politique mise en œuvre, un pays comme la RDA par exemple n'est pas revenu au seuil d'équilibre (la même conclusion vaut pour la Hongrie où la politique a été, il est vrai, plus ambiguë). *La clé du retour à un certain dynamisme démographique est donc à chercher dans une politique volontariste adéquate reposant sur le couplage entre une politique nataliste novatrice* (c'est-à-dire non pénalisante pour la condition féminine) *et une politique migratoire ouverte, mais sélective.* Ne pas associer les deux paraît non seulement manquer de réalisme mais de cohérence. Un retour spontané au niveau de remplacement des générations, objectif politique le plus communément fixé comme souhaitable par de nombreux gouvernements, est de plus en plus hypothétique : la présence massive des femmes sur le marché du travail salarié, l'explosion des coûts immobiliers, la diversification des styles de vie ont créé une nouvelle donne sociale. Par ailleurs, la pression migratoire en provenance des pays de la rive sud de la Méditerranée et surtout d'Afrique rend iné-luctable à terme un scénario de migrations massives. La cohérence, quant à elle, exige de refuser le malthusia-nisme, donc de parier sur la vie, l'adaptation, l'ouverture et les échanges, avec les risques, mais aussi les atouts que comporte un tel choix. L'accueil de l'immigrant, comme celui de l'enfant relèvent de la même attitude d'innovation, d'investissement dans le futur. Mais les écarts de niveau de vie, de culture et de profil démo-graphique entre les immigrants potentiels et la société d'accueil rendent très délicate la politique migratoire.

Le rééquilibrage démographique est essentiel pour redonner la confiance, revitaliser les circuits économiques, assurer la survie du système de protection sociale et limiter les coûts de main-d'œuvre. Il contribue plus sûrement à la relance économique que le maintien de faibles taux d'intérêt.

IV. – Les conditions de réussite d'une politique migratoire

La réussite d'une politique migratoire du point de vue du pays d'accueil suppose que soient réalisées certaines conditions élémentaires : *a)* le maintien d'une natalité suffisante parmi la population autochtone, afin que l'école puisse jouer son rôle de creuset et de vecteur culturel. Cette condition est la plus importante car c'est aux plus jeunes âges au sein du groupe de ses condisciples que l'enfant acquiert la langue et les usages du pays receveur ; *b)* une diversification des sources d'immigration, pour minimiser la dépendance par rapport à un gouvernement donné et éviter la constitution de minorités trop importantes, parfois antagonistes, refusant toute acculturation ; *c)* une dispersion géographique minimale de la présence étrangère sur le territoire national ; *d)* un effort spécifique d'adaptation de l'appareil scolaire (brassage culturel, formation de maîtres spécialisés, apprentissage des langues et civilisations étrangères) et médiatique (lutte contre le racisme, information et, plus généralement, politique de l'opinion publique). Or ces conditions ne sont que rarement remplies. La migration est le plus souvent inorganisée et régie par des intérêts économiques à court terme. Étant appelée à devenir une composante essentielle du peuplement de l'Europe, elle devra être préparée et aménagée en fonction de considérations à long terme, d'où l'importance d'une politique de quotas.

Cette question est politiquement très délicate puisqu'elle touche au cœur même des attributions de la souveraineté nationale (droit d'entrée et de sortie sur le territoire, acquisition de la nationalité). L'Union européenne n'a pas de politique concertée sur la question des réfugiés et, plus généralement, de l'immigration étrangère ; depuis 1993, elle ne conserve plus que ses frontières extérieures. La réalisation de l'espace unique européen posera donc des problèmes nouveaux, faisant surgir des risques d'opposition sur la question de la libre circulation des hommes non seulement entre pays membres, mais avec les pays de départ. C'est vraisemblablement pour cette raison qu'à l'occasion de conférences internationales Nord-Sud, un consensus existe pour garder le silence sur les perspectives de migrations entre les deux rives de la Méditerranée.

CONCLUSION

L'aggravation structurelle du déséquilibre économique (depuis les années 1960) ainsi que la chute récente (1989) des barrières politiques entre l'Est et l'Ouest de l'Europe rendent probables des migrations intra-européennes d'est en ouest. On peut toutefois penser que celles-ci demeureront faibles, sauf peut-être au profit de l'Allemagne (départs de l'ex-bloc soviétique et de l'ex-Yougoslavie et regroupement des dernières diasporas allemandes). Tout autre est, en revanche, le déséquilibre qui existe de part et d'autre de la Méditerranée. Ce déséquilibre est le plus profond qui ait jamais existé dans l'histoire de l'humanité : au nord, au sein de l'UE, la fécondité est en moyenne de 1,4 enfant par femme ; au sud, en Afrique (au sud du Sahara), elle est près de quatre fois supérieure ; de part et d'autre de la Méditerranée se rencontrent donc les régions de plus faible fécondité et les régions de plus forte fécondité de la planète. Par ailleurs, l'écart de niveau de vie est également le plus grand qui existe entre régions limitrophes. Enfin, le déséquilibre politique est, lui aussi, sans équivalent (démocraties au Nord, régimes autoritaires et institutions instables au Sud) à l'échelle planétaire. De même, l'Asie contient de gigantesques réservoirs humains en proie à la misère.

Ainsi, d'un côté, la persistance d'une grave sous-fécondité annonce un dépeuplement important pour le futur proche et donc une menace pour la survie des institutions et de l'héritage culturel des sociétés concernées : en ce sens, les pays européens ont une communauté de destin et il est regrettable que, dans sa myopie, la construction de l'« Europe » dite sociale ne soit qu'une annexe de l'Europe des entreprises, délaissant la seule question essentielle, celle de sa survie. De l'autre, la population adulte traverse sa phase de croissance rapide voire maximale et on peut craindre que cette exubérance démographique n'occasionne de grandes tensions politiques internes. Les prochaines décennies pourraient apporter plus de bouleversements politiques, économiques, culturels, dans le bassin méditerranéen qu'il n'y en a jamais eu durant les siècles antérieurs. L'immigration est inéluctable ; bien conduite, elle est susceptible d'atténuer les tensions internationales. Cependant les pressions et les fluctuations de politique intérieure, les divergences ou les conflits de politiques ou d'intérêts entre les États, les habitudes et les procédures bureaucratiques ne sont pas de nature à favoriser une politique nouvelle, de vaste ampleur et de longue haleine.

La démographie n'est donc pas une comptabilité aride. C'est une *matière vivante,* inscrite au cœur des réalités les plus importantes et du vécu quotidien : la vie, l'amour et la mort des hommes ; l'expansion et le déclin des civilisations ; les affinités et les tensions entre les peuples. Derrière le langage des chiffres, elle raconte la grande aventure de l'humanité.

BIBLIOGRAPHIE

TRAVAUX

Burguière A. *et al., Histoire de la famille*, 2 vol., Paris, A. Colin, 1986.
Chasteland J.-C. et Chesnais J.-C. (dir.), *La Population du monde. Géants démographiques et enjeux internationaux*, Cahier INED-PUF n° 149, Paris, 2002.
Chesnais J.-C., *La Transition démographique : étapes, formes, implications économiques*, Paris, Cahier INED-PUF, 1986.
– *La Revanche du tiers-monde*, Paris, Laffont, 1987.
– *Le Crépuscule de l'Occident*, Paris, Laffont, 1995.
Cohen, Joel E. *How many People can the Earth Support?*, Norton, New York, 1995.
Dupâquier J. et M., *Histoire de la démographie*, Paris, Perrin, 1985.
Dupâquier J. *et al., Histoire de la population française*, 4 vol., Paris, PUF, 1988.
Frejka T. et Sardon J.-P., *Childbearing Trends and Prospect in Low-Fertility Countries*, Kluwer, Londres, 2004.
Henry L., *Démographie. Analyse et modèles*, Paris, Larousse, 1972.
McEvedy C. et Jones R., *Atlas of World Population History*, Londres, Penguin Books, 1978.
Keyfitz N., *Applied Mathematical Demography*, 2e éd., New York, Springer Verlag, 1985.
Landry A., *La Révolution démographique*, Paris, Sirey, 1934.
Lotka A., *Théorie analytique des associations biologiques*, 2e partie, Paris, Hermann, 1939.
Lutz W. *et al., The End of World Population Growth in the 21st Century* Londres, Earthscan, 2004.
Pressat R., *L'Analyse démographique*, 4e éd., Paris, PUF, 1983.
Sauvy A., *Théorie générale de la population*, Paris, PUF, 2 vol., 1966.
– *Éléments de démographie*, Paris, PUF, 1976.
Shryock H. S. et Siegel S., *The Methods and Materials of Demography*, Bureau of the Census, 2 vol., 1971.
Tapinos G., *Éléments de démographie*, Paris, A. Colin, 1983.
Vallin J., *La Population mondiale*, Paris, La Découverte, 1993.
Sources statistiques
Institut national d'études démographiques (INED), revue *Population : Cahiers de Travaux et Documents*.
Institut national de la statistique et des études économiques (INSEE), *Les Collections de l'INSEE*, série D (Démographie).
Nations Unies, Annuaire démographique ; New York : *World Population Prospects 2002*, New York, 2003.
Union internationale pour l'étude scientifique de la population (UIESP), *Congrès internationaux de la Population* (Berlin, 1935… ; Pékin, 1997 ; Paris, 2005).
World Bank, *World Population Projections 1994-1995*, Washington, 1994.

TABLE DES MATIÈRES

Introduction – **Qu'est-ce que la démographie ?** 3

Technique quantitative et science humaine, 3 ; Bioéthique et qualité des hommes, 4.

Chapitre I – **La démographie et ses sources** 5

I. Les statistiques d'État : recensements et enquêtes, 6 – II. Les statistiques de mouvement : l'état civil et les registres de population, 7 – III. Développement économique et qualité des données, 9 – IV. Le progrès des mesures indirectes, 10 – V. Petit lexique, 13.

Chapitre II – **Concepts et outils de la démographie** 20

I. L'équation fondamentale, 20 – II. La pyramide des âges, 21 – III. Natalité, fécondité, 23 ; Reproduction brute et reproduction nette, 26 – IV. Mortalité générale et mortalité infantile, 29 ; Table de mortalité et espérance de vie, 31 – V. Les migrations extérieures, 34 – VI. Analyse longitudinale et analyse transversale, 35.

Chapitre III – **Les lois et les régularités statistiques** 37

I. Les lois biologiques : le sexe faible, l'âge fort et les jumeaux, 37 : 1. Le sexe : surnatalité et surmortalité masculines, 38 ; 2. L'âge et la vitalité, 41 ; 3. La multiparité ou les accouchements multiples, 44 – II. La loi historique : la transition démographique, 45 – III. La loi statistique : la quasi-invariance de la fraction adulte, 47 – IV. Les régularités sociales, 48 : 1. La surmortalité des pauvres, 48 ; 2. La sous-fécondité des pays riches, 50.

Chapitre IV – **La transition démographique** 51

I. Universalité du principe, diversité des modalités, 51 – II. Le multiplicateur transitionnel de population, 54 – III. Le multiplicateur d'âge, 57 – IV. La transition migratoire, 60.

Chapitre V – **La modernisation démographique et ses facteurs**   63

I. La baisse de la mortalité, 63 : L'organisation politique, 64 ; Le progrès technique et les découvertes médicales, 66 ; Croissance économique, nutrition et instruction, 66 ; Une histoire ancienne et méconnue, 67 – II. La baisse de la fécondité et le planning familial, 69 : De l'antériorité française au retard africain, 71 – III. Régulation et dérégulation : la société autistique, 74.

Chapitre VI – **Les conséquences de l'évolution démographique**   77

I. Les théories : stagnationnisme et néomalthusianisme, 77 : Le stagnationnisme, 78 ; La théorie néomalthusienne, 80 ; Le prix de l'explosion démographique, 81 – II. Les faits : la revanche du tiers-monde, 83 – III. Les interprétations possibles, 85 ; La densification et ses bienfaits, 87 – IV. Vieillissement démographique et finances publiques, 88 ; La pression sur les dépenses publiques, 88 – V. Cycle de vie, reproduction et production, 91 – VI. La gestion prévisionnelle des emplois, 92.

Chapitre VII – **Les perspectives démographiques**   94

I. L'inertie démographique, 95 – II. Le principe des projections de population, 98 – III. Résultats des perspectives par continent, 100 – IV. Le devenir des sociétés post-transitionnelles, 103 : L'avenir des retraites ou les marges de manœuvre, 105 ; Des migrations inévitables, 106.

Chapitre VIII – **Les politiques de population**   108

I. Légitimité de l'intervention de l'État, 108 – II. Les politiques en faveur de la natalité, 111 ; La France des années 1940 et 1950, 112 ; L'Allemagne de l'Est, 113 ; La Sarre, 115 ; La Suède, 116 ; Les conflits de priorité, 118 – III. Le couplage politique nataliste-politique migratoire, 119 – IV. Les conditions de réussite d'une politique migratoire, 121.

Conclusion   123

Bibliographie   125

Mis en pages et imprimé en France
par JOUVE
1, rue du Docteur Sauvé, 53100 Mayenne
novembre 2010 - N° 587625S

JOUVE est titulaire du label imprim'vert®